Irene Dunlap (Hg.)

FEUER FÜR DEN GLAUBEN

Wahre Geschichten für Teens

W0172712

Über die Autorin

Irene Dunlap ist die Co-Autorin der Buchreihe »Hühnersuppe für die Seele« und begann ihre Schriftstellerkarriere bereits in der Schule, als sie ihre Liebe zur Poesie entdeckte. Während ihrer Studienzeit reiste Irene durch die ganze Welt, da sie auf einem Schulschiff mit über 500 Studenten studierte. Nach ihrem Abschluss in Geisteswissenschaften arbeitete sie als Direktorin eines Theaters. Irene lebt in *Newport Beach*, Kalifornien, mit ihrem Mann Kent, ihrer Tochter Marleigh, ihrem Sohn Weston und ihrem Hund Gracie.

IRENE DUNLAP (HG.)

FEUER FÜR DEN GLAUBEN

WAHRE GESCHICHTEN FÜR TEENS

**Aus dem Amerikanischen
von Maria Leicht-Rombouts**

GerthMedien

Verlagsgruppe Random House FSC® N001967
Das für dieses Buch verwendete FSC®-zertifizierte Papier
Munken Premium Cream liefert Arctic Paper Munkedals AB,
Schweden.

Die amerikanische Originalausgabe erschien im Verlag
Zondervan, 5300 Patterson Avenue SE, Grand Rapids, MI
unter dem Titel »True«.
© 2003 by Youth Specialties
Published by arrangement with The Zondervan Corporation
L.L.C., a subsidiary of HarperCollins Christian Publishing, Inc.
© 2007, 2016 der deutschen Ausgabe Gerth Medien GmbH,
Asslar in der Verlagsgruppe Random House GmbH, München

1. Auflage der Sonderausgabe 2016
Best.-Nr. 817130
ISBN 978-3-95734-130-3

Umschlaggestaltung: Hanni Plato
Umschlagfoto: Grant Faint, Getty Images
Satz: Greiner & Reichel GmbH, Köln
Druck und Verarbeitung: CPI books GmbH, Leck
Printed in Germany

INHALT

EIN GOTT, DER MITLEID HAT UND VERGIBT

Herr, wo sonst gibt es einen Gott wie dich?
Allen, die von deinem Volk übrig geblieben sind, vergibst
du ihre Schuld und gehst über ihre Verfehlungen hinweg.
Du hältst nicht für immer an deinem Zorn fest;
denn Güte und Liebe zu erweisen macht dir Freude.

Micha 7,18

Du aber, Herr, unser Gott, bist voll Erbarmen!
Wir brauchen deine Vergebung,
denn wir sind dir ungehorsam gewesen!

Daniel 9,9

Herr, du bist freundlich und bereit, Schuld zu vergeben;
voll Güte begegnest du allen, die zu dir beten.

Psalm 86,5

AN DER SCHWELLE DES TODES

Ich liebe den Herrn, denn er hört mich,
wenn ich zu ihm um Hilfe schreie.

Psalm 116,1

Warst du schon einmal so in Lügen verstrickt, dass du die Wahrheit nicht mehr sehen konntest?

Oder hast du dich schon einmal so sehr vor der Liebe gefürchtet, dass du hungern und dich erbrechen wolltest, nur um dein »Ich« loszuwerden?

Ich weiß, was es bedeutet, sich selbst zu hassen. Und ich weiß, was es heißt, vor dem eigenen Denken Angst zu haben. Ich kenne die stechende Angst, die mich in die Enge treibt als hätte ich eine Pistole vor der Brust. Und ich habe die Stimmen in meinen Gedanken mein Leben bestimmen lassen.

Sechs Jahre lang wurde mein Leben von Magersucht geprägt. In dieser Zeit wurde ich im Krankenhaus behandelt, bekam alle möglichen Beratungen und nahm an jeder Art von Gruppentherapie teil, die es gibt. Realistisch betrachtet dürfte ich eigentlich gar nicht mehr am Leben sein. Unzählige Male wurde mir gesagt, dass meine Knochen zerfallen würden – direkt in meinem Körper. Ich musste täglich zum EKG, weil mein Herz nur noch 34 Schläge pro Minute schaffte, während es bei einem gesunden Menschen 60 bis 80 Mal pro Minute schlägt. Ich entwickelte eine Arrhythmie, durch die mein Herzschlag ungleichmäßig wurde.

Ich war ein einziges Wrack.

Manchmal ging es mir besser, dann fiel ich wieder zurück; es ging aufwärts und dann wieder abwärts. Ich hatte Angst und konnte mir nicht erklären, warum es nicht einfach wegging. Ich dachte, es gebe keine Hoffnung, niemand könne mir helfen, es sei unmöglich, jemals von den Gedanken loszukommen, die mich beherrschten. Ich weiß noch, wie ich mich fragte: *Warum schaffe ich es nicht, einfach das Richtige zu tun?*

Während dem Gymnasium verbrachte ich viel Zeit in einem psychiatrischen Krankenhaus. Das Krankenhaus wurde meine Zuflucht – mein Zuhause. Dort fühlte ich mich frei – frei von den Sorgen und Problemen der Außenwelt. Ich war weder dem Druck des Gymnasiums ausgesetzt noch den bösen Worten meines Stiefvaters, der ständig erklärte, ich sei ein Dummkopf, und der von mir verlangte, nach der Schule sofort heimzukommen und auf mein Zimmer zu gehen.

Jahrelang ließ mein Stiefvater an mir die Wut aus, die er gegenüber meiner Mutter hatte. Ich stand ständig dazwischen – als Marionette. Er war herrschsüchtig und ich schien immer am Boden zu kriechen. Er beherrschte mich in allen Dingen, bis ich einen Bereich fand, in dem ich selbst herrschen konnte: das Essen oder auch Nicht-Essen. Dies wurde mein krankhaftes Mittel, mit meinen Gefühlen umzugehen.

Obwohl die meisten meiner Freunde abends weggehen durften, erlaubte mein Stiefvater mir nie, nach acht noch unterwegs zu sein. Es klingt verrückt, aber ich musste mich rausschleichen, um zum Bibelkreis zu gehen. Ich nahm Jesus in mein Leben auf, als ich in der neunten Klasse war, doch meine Eltern erlaubten mir nicht, zur Jugendgruppe zu gehen, weil sie unter der Woche stattfand und erst nach acht Uhr zu Ende war.

Durch diese Familiensituation hatte ich eine riesige Sehnsucht nach echter Liebe und Annahme und ich fand sie bei den Leuten in der Jugendgruppe. Mit der Zeit wurde das heimliche Herausschleichen jedoch zu kompliziert und verursachte zu viel Streit, sodass ich nach anderen Möglichkeiten für ein wenig Selbstbestimmung und Beständigkeit suchte. Mein Glaube blieb dabei quasi auf der Strecke.

Hoffnungslosigkeit machte sich breit.

In meiner Familie zeigte niemand je seine Gefühle. Jedes Mal, wenn sich in mir eine starke Emotion regte, fühlte ich mich schlecht und schämte mich. Ich glaubte sogar, ich sei anormal, weil ich Gefühle hatte und bekam Angst vor ihnen.

Die Familie meiner Mutter wusste nicht, wie man Probleme bewältigt oder miteinander kommuniziert, und daher gab es bestimmte Sachen, über die wir einfach nicht redeten – zum Beispiel über meinen richtigen Vater. Ich war zwei Jahre alt, als meine Mutter ihn verließ. Erst als ich 13 war, erfuhr ich, dass es ihn gab. Bis dahin waren mir schon viele Jahre verloren gegangen, in denen ich Kontakt zu ihm hätte haben können. Die Wahrheit wurde unter den Teppich gekehrt, als meine Mutter und er getrennte Wege gingen, und mein Stiefvater erzog mich wie sein eigenes Kind.

Durch den Verlust meines leiblichen Vaters bekam ich Angst, wieder verlassen zu werden. Darum fasste ich den Entschluss, mich zuerst selbst zu verlassen, bevor ich jemals wieder den Schmerz des Verlassenwerdens spüren müsste.

Ich fing an, Essen als Ausdruck meiner Wut, meiner Ängste und sogar meiner selbst zu gebrauchen. Essen war das Einzige, bei dem niemand mitbestimmen konnte – das ich allein beherrschte. Ich entschied mich nicht von einem Tag auf den anderen, magersüchtig zu werden; vielmehr wurde das Essen zu meiner Form, mit meinen Gefühlen umzugehen. Das Ergebnis war, dass ich immer wieder ins Krankenhaus kam.

Das Krankenhaus verschaffte mir Urlaub von mir selbst, ich floh vor der Auseinandersetzung mit meinen Gefühlen. Bis dahin hatte noch keiner hinter meiner Magersucht etwas anderes gesehen als die vordergründige Essensfrage. Ich dachte, ein Sieg über die Essstörung bedeutete einfach, wieder zu essen, ein gutes Gewicht zu erreichen und wieder ein normales Leben führen zu können. Aus meiner Erfahrung habe ich jedoch gelernt, dass die Befreiung von einer Essstörung viel tiefer gehen muss.

Als ich zum ersten Mal aus dem Krankenhaus entlassen wurde, hatte ich sofort einen Rückfall. Ich wusste nicht, wie ich ohne den Schutz vor Hunger und Bewegung meine Probleme bewältigen sollte. Im Essen verarbeitete ich meine Wut und meine Angst. Da ich immer noch in diesem System lebte, ging es nach kürzester Zeit zurück ins Krankenhaus.

Im Krankenhaus war es auf die Dauer ziemlich langweilig. Als ich erfuhr, dass ich dort in einen Gottesdienst gehen konnte, betrachtete ich es als willkommene Abwechslung. Ich hatte viel freie Zeit und in meinen Augen war dies ein guter Zeitvertreib. Dabei kam mir jedoch nicht in den Sinn, diesen Gottesdienst mit meiner Jugendgruppe in Verbindung zu bringen, in die ich früher so gerne gegangen war. Ich war überzeugt, dass es ganz anders sein würde. Einerseits stimmte das, andererseits nicht.

In dem Gottesdienst gab es keine alten Freunde, keinen

coolen Jugendpastor und keine Aktionen für Teens. Doch ich bekam dort wieder ein Gefühl der Zugehörigkeit, fühlte mich angenommen und geliebt wie in der Jugendgruppe.

Als ich meiner Mutter erzählte, dass ich in den Gottesdienst gegangen war, bat ich sie, meine Bibel mitzubringen. Mein Leben war so dunkel und schrecklich, dass der Trost, den ich beim Bibellesen spürte, mein einziger Halt wurde. Es war, als ginge ein Licht an: *Stimmt ja! Warum hatte ich Gott eigentlich vergessen?*

Ich wurde aus dem Krankenhaus entlassen, sobald ich 15 Kilo zugenommen hatte. Anschließend sollte ich zu Hause mindestens weitere 5 Kilo zunehmen. Meine Mutter hatte erkannt, dass ich einen Schock bekommen würde, wenn ich zum ersten Mal seit Monaten mein Spiegelbild sehen würde (im Krankenhaus gab es keine Spiegel), weshalb sie alle Spiegel mit Tüchern zugehängt hatte. Ich war noch immer ziemlich labil, außerdem waren die tieferen Ursachen meiner Krankheit nicht behandelt worden. Unter diesen Umständen war es wenig hilfreich, in meine schwierige Familiensituation zurückgeworfen zu werden.

Während meiner Abwesenheit hatten meine Eltern beschlossen, sich scheiden zu lassen. Als ich nach Hause kam, gab es das letzte gemeinsame Abendessen, bei dem mir meine Eltern ihren Entschluss mitteilten. Der Abend wurde eine reine Katastrophe. Mein Stiefvater stand vom Tisch auf und brüllte mir ins Gesicht, ich sei Schuld an allen Problemen. Im Grunde machte er mich für die Scheidung verantwortlich – nicht gerade das, was ich zu diesem Zeitpunkt brauchte. Außerdem stimmte es nicht. Ich dachte nur: *Und was soll sich jetzt verändert haben?*

Das Leben bei uns war ein einziges Durcheinander. Ich

merkte schnell, dass meine Mutter mit sich selbst beschäftigt war, mit der Scheidung und den Anforderungen ihrer eigenen kleinen Firma. So übernahm ich die Mutterrolle im Haus – ich erledigte die Fahrten für meinen Bruder und meine Schwester und machte ihnen das Essen. Meine Mutter wusste nicht, wie sie neben ihren eigenen Problemen eine gute Beziehung zu mir aufbauen sollte. Sie war schließlich so überfordert, dass sie immer seltener zur Arbeit ging und nach anderen Formen suchte, alle Anforderungen zu bewältigen – mehr oder weniger erfolgreich. Im Prinzip war sie fast nie zu Hause und ich musste für meine Geschwister und mich alles am Laufen halten.

Zu diesem Zeitpunkt hatte ich schon jede Gruppe und jede Behandlung durchlaufen, die mir bekannt waren. Nichts hatte mich von meiner Krankheit heilen können. Mir war bewusst, dass der Schaden unheilbar, ja sogar tödlich sein konnte, wenn ich nun unter all den neuen Stressfaktoren in diesem Teufelskreis einfach weitermachte und meinem Körper die Nährstoffe vorenthielt, die er zum Überleben und zum Genesen brauchte.

Eines Abends saß ich weinend auf dem Sofa. Ich war wütend auf Gott, weil es mir so schlecht ging. Ich beschloss, alle Karten aufzudecken und total ehrlich zu sein. Darum sagte ich Gott, dass ich ihm nicht vertraute und nicht wüsste, ob er mich wirklich liebt. Wie sollte ich anderen Leuten erzählen, dass Gott sie liebt, wenn ich seine Liebe selbst nicht spüren konnte? Voller Verzweiflung sagte ich zu ihm, dass ich so lange auf dem Sofa sitzen bleiben würde, bis er sich irgendwie zeige. Dabei hatte ich keine Ahnung, nach welchen Zeichen ich Ausschau halten sollte. Ich wusste nur, dass die Lösungen bestimmt nicht vom Himmel fallen würden. Irgendwann ging ich zu Bett.

Doch nun begann eine langsame Veränderung.

Ich kann diese Veränderung am ehesten mit einer Baustelle vergleichen, an der man täglich vorbeifährt. Nach ein paar Wochen sieht man die Fundamente und den Rahmen des Gebäudes. Sechs Monate später steht dann ein schönes neues Haus da. Man staunt über das fertige Ergebnis und hat kaum all die Arbeit wahrgenommen, die in dem Gebäude steckt.

Genauso geschah in meinem Inneren viel Arbeit bezüglich meines Umgangs mit Essen. Ich konnte mich wieder an den Tisch setzen und mir eine Mahlzeit schmecken lassen – und ich lernte zu unterscheiden, ob ich gerade hungrig oder satt war. Meine Knochen heilten langsam und ich fühlte mich allmählich kräftiger. Auch die Beziehung zu meiner Familie begann zu heilen. Nach und nach änderte sich meine Einstellung zu mir selbst und zu anderen und ich entwickelte einen neuen Umgang mit Auseinandersetzungen und schwierigen Situationen.

Die Veränderung benötigte mehrere Monate, doch im Rückblick konnte ich eine Befreiung von den Problemen erkennen, mit denen ich jahrelang gekämpft hatte. Mein Weg wurde ebener und fester. Überall ließen sich Spuren Gottes erkennen, denn ich hätte es niemals aus eigener Kraft geschafft. Schließlich war es mir jahrlang nicht gelungen, ein gesundes Leben zu führen.

Durch Gott bekam ich ein unglaubliches Gefühl von Frieden und Sicherheit. Und als ich mein Leben wirklich Gott anvertraut hatte, verschwand allmählich der Drang zum Hungern, mit dem ich meine Macht hatte beweisen wollen. Das war die größte Befreiung, die ich jemals erlebt habe.

Mit der Zeit lernte ich auch die schwere Aufgabe, meine

angestauten Gefühle zu verarbeiten, die ich mein Leben lang unterdrückt hatte. In mir wuchs die Hoffnung, aus der Magersucht lebendig herauszukommen, anstatt die Statistik derer zu erweitern, die es nicht schaffen. Glaub mir, ein großer Teil der sieben Millionen Menschen in den USA mit einer Essstörung schaffen es nicht.

Wer einmal eine Essstörung hatte, weiß, dass der Weg zu einem siegreichen Ende lang und schwer ist und dass ihn nur wenige auf sich nehmen wollen. Auf diesem Weg muss ich den Maßstäben der Gesellschaft und der Meinung anderer Menschen standhalten. Ich muss mich öffnen und mich verletzlich machen.

Über Jahre hinweg hatte mich die Magersucht fest im Griff, ich war gefangen. Nur Gott konnte ihre Macht über mein Leben brechen.

Ich kann nicht sagen, dass ich nie wieder in Versuchung gekommen bin oder dass ich nicht mehr über Essen nachdenke. Doch mit der Kraft Gottes in meinem Leben kann ich jede Herausforderung bestehen und in Freiheit weitergehen. Gott gibt mir die Kraft, bei Problemen nicht mehr so zu reagieren wie früher.

Als ich dachte, ich würde zugrunde gehen, hielt er mich fest und half mir durch die dunkelste Zeit meines Lebens. Seitdem hat Gott nicht aufgehört, sich mir zu zeigen.

Er ist immer da, wenn ich ihn brauche.

Andere waren so uneinsichtig, dass sie sich dem Herrn widersetzten; ihre Vergehen stürzten sie in schlimmes Unglück. Sie ekelten sich vor jeder Speise, ihr Leben hing nur noch an einem Faden. Sie schrien zum Herrn in ihrer Not, der rettete sie aus der Todesangst. Er sprach ein Wort und sie waren geheilt; so bewahrte er sie vor dem

*Grab. Nun sollen sie dem Herrn danken für seine Güte,
ihn preisen für ihre wunderbare Rettung! Sie sollen ihm
danken mit Opfergaben und voll Freude verkünden, was
er getan hat!*

Psalm 107,17–22

Katherine Blake

ZU SEINEN FEHLERN STEHEN

Ermahnt euch gegenseitig jeden Tag,
solange jenes »Heute« gilt, damit niemand von euch
dem Betrug der Sünde erliegt und sich dem Ruf
dieser Stimme verschließt.

Hebräer 3,13

Meine Gedanken wirbelten durcheinander. Ich stand im Flur meiner kleinen Wohnung und hatte einen kleinen Gegenstand in der Hand, der mein Leben für immer verändern sollte. Den rosa Streifen auf dem Schwangerschaftstest hatte ich eigentlich frühestens in ein paar Jahren sehen wollen. Ich war erst 18. Das Herz rutschte mir bis in die Kniekehlen. Meine erste Reaktion war: »Wie kann ich es geheim halten? Wie konnte mir das bloß passieren?«

Mit zwei Jahren hatte ich angefangen, das Singen meiner Mutter nachzuahmen, wenn sie im Wohnzimmer Gesang übte. Ich weiß noch, dass ich sieben Jahre alt war, als zum ersten Mal Lobpreisklänge nach oben in mein Zimmer drangen. Manchmal blieb ich wach im Bett liegen und lauschte, wie ihre Stimme durch die Nacht klang. Meine ganze Familie war sehr musikalisch – und dort erwachte meine Liebe zur Musik.

Als 13-Jährige nahm ich an einem Gesangswettbewerb in *Irvine* in Kalifornien teil und gewann eine Kreuzfahrt. Mein einziges Ziel beim Wettbewerb war, die Kreuzfahrt zu gewinnen und Spaß zu haben. Ich hatte nicht damit gerechnet, dass mich der Chef einer Plattenfirma ansprechen und mir einen Plattenvertrag anbieten würde. Doch genau das passierte und so arbeitete ich einige Jahre lang mit dieser Firma zusammen.

Als ich 15 war, unterschrieb ich bei einer anderen Firma, und von da an ging alles rasant nach oben. Mein Terminkalender war zum Platzen voll. Damit ich alle Reisetermine schaffte, übernahm meine Mutter zu Hause den Schulunterricht, und ich brauchte nicht mehr zur Schule zu gehen – in den USA ist das erlaubt. Ich flog ständig zwischen Kalifornien und *Nashville* in *Tennessee* hin und her, wo ich ein Album aufnahm.

1998 kam das Album heraus und mein Leben wurde noch verrückter. Ich war immer unterwegs, immer weit weg von meinen Eltern. Ich musste mich gegenüber niemandem mehr für mein Leben verantworten. Meine Konzerte waren häufig sonntags, sodass ich oft den Gottesdienst verpasste. Wer im Dienst für Jesus ist, muss auch auftanken, um wieder geben zu können – aber mein Brunnen war dabei auszutrocknen.

Während meiner Reisen spürte ich eine Einsamkeit, die ich noch nie erlebt hatte. Ich spürte eine Leere, gegen die ich nichts tun konnte. Mit 17 Jahren hatte ich noch keinen Freund gehabt und auch nicht den geringsten sexuellen Kontakt mit einem Jungen. Darauf war ich stolz.

Eines Tages lernte ich einen Typen kennen, Ryan. Er war einer der ersten Jungs, die mir ihre Telefonnummer gaben, und ich war ganz schön aufgeregt. Wir fingen an, häufig zu telefonieren. Wir reisten beide viel – Ryan war in einer christlichen Rockband – und darum verbrachten wir viele Stunden am Telefon, was die Handyrechnungen extrem teuer machte. Manchmal sahen wir uns, wenn wir zufällig in derselben Stadt waren.

Durch die Aufmerksamkeit von Ryan fühlte ich mich

viel wohler in meiner Haut. Mir schien, als vertreibe er einen großen Teil meiner Einsamkeit, als fülle er eine Leere in meinem Leben. Damals war mir nicht klar, dass nur die Liebe Gottes diese Leere wirklich füllen konnte.

Nach einiger Zeit entschlossen wir uns, eine ernsthafte Beziehung miteinander anzufangen. Wir hatten beide schon Beziehungsbücher gelesen und wollten keine Beziehung nur zum Spaß oder nur um einen Freund oder eine Freundin zu haben. In unserer Beziehung wollten wir die Ehe als Ziel vor Augen haben. Zu Beginn setzten wir uns für den körperlichen Umgang strenge Regeln. Doch uns fehlte etwas, was sich später als entscheidender Faktor herausstellen sollte: Wir verantworteten uns nicht nach außen gegenüber einem anderen Menschen.

Auf meinen Konzerten sprach ich oft von Enthaltsamkeit. Ich sagte den Teenagern immer, sie sollten sich für ihre Beziehungen Regeln setzen. Von mir selbst nahm ich an, dass ich in jeder Situation standhaft bleiben würde.

Ryan und ich verlobten uns. Das war im Spätsommer 1999 und die Hochzeit sollte am 11. Juni 2000 sein.

In diesem Sommer wurde ich 18. Ich packte meine Sachen und zog von zu Hause aus, von Kalifornien nach *Nashville*, wo Ryan wohnte.

Mit der Zeit kam es dann dazu, dass Ryan und ich unsere Regeln für körperliche Nähe verschoben, Stückchen für Stückchen. Das erschien uns einfach zu sein. Schließlich wollten wir in wenigen Monaten heiraten und Knutschen war ja nichts Schlimmes.

Nur hatten wir nicht gemerkt, wie schwer es ist, mit einer Sache wieder aufzuhören, wenn man einmal angefangen hat. Und schon bald tauchte die Frage auf, ob ich vielleicht schwanger war. So stand ich dann im Bad und hatte einen Schwangerschaftstest in der Hand. Ich war überzeugt, dass ich nicht schwanger sein konnte, aber ich musste den Test machen.

Also machte ich ihn … und meine schlimmsten Befürchtungen traten ein. Der Test war positiv. Tränen liefen mir übers Gesicht. Ich verabscheute mich und meine Tat. Ich hatte etwas verloren, was mir so kostbar gewesen war – meine Unschuld.

Ich lief ins Nebenzimmer und erzählte es Ryan. So richtig wollten wir es nicht wahrhaben. An dem Tag hatte ich bereits eine Spritze gegen Halsweh bekommen und dachte nun, sie könnte den Test beeinflusst haben. Darum kaufte ich drei weitere Schwangerschaftstests, doch alle lieferten dasselbe Ergebnis. Da ich es noch immer nicht glauben wollte, gingen wir schnell in eine Ambulanz. Doch auch der dortige Test war positiv. Ich fragte die zuständige Krankenschwester, ob die Spritze das Ergebnis verändern könne, und sie verneinte. Das Herz rutschte mir in die Hose und ich begann, heftig zu weinen. Wie konnte das nur passiert sein?

Mein erster Gedanke war: *Wie kann ich es geheim halten?* Ich erkannte plötzlich, dass alle Leute erfahren würden, was ich getan hatte: meine Eltern, meine Plattenfirma, mein Management, meine Agentur, meine Freunde, meine Fans und GOTT.

Mir schoss der Gedanke durch den Kopf, sofort zu heiraten und den Leuten zu erzählen, das Kind sei auf der Hochzeitsreise entstanden. Das brachte ich nicht fertig. Noch andere Gedanken gingen mir durch den Kopf, aber nur einer gab mir Frieden. Wir beschlossen zu heiraten, mit dem Reisen aufzuhören und unsere Karriere abzubrechen.

Innerhalb weniger Wochen war ich verheiratet, schwanger, in *Nashville*, weit weg von meiner Familie und ohne Gesangstermine. Ich fühlte mich total allein. Dazu war mir während der ganzen Schwangerschaft sehr übel; ich verbrachte die ersten fünf Monate im Bett. Wenn ich so allein im Bett lag, hatte ich viel Zeit zum Nachdenken. Ich war deprimiert. Ich schämte mich. Ich fühlte mich zu wertlos zum Beten.

Ich dachte, ich wäre so weit weg, dass mich Gottes Hand nicht mehr erreichte.

Gott jedoch redete unaufhörlich zu meinem Herzen: Er sagte, seine Vergebung und Erneuerung gelten auch für mein Leben und seine Liebe reiche noch viel weiter, egal wie weit ich von ihm entfernt sei.

So fing ich wieder an zu beten. Eines Tages wurde mir ganz neu bewusst, dass Jesus gestorben ist und meine Schuld getragen hat, damit ich sie nicht selbst tragen muss. An dem Tag ließ ich alles los und vertraute Gott wieder die Führung in meinem Leben an. Ich konnte nur staunen, dass ich wieder neu anfangen durfte!

Meine Schuld war weggenommen und ich schaute auf den Segen in meinem Leben. Trotz meiner Dummheiten segnete Gott mich mit einer wunderbaren Tochter, mit Jaslyn Taylee. Jeden Tag danke ich Gott für sie.

Ich habe falsche Entscheidungen getroffen und werde meine Taten niemals schönreden, die zu meiner Schwangerschaft führten. Ich kann sagen, dass ich viel gelernt habe und reifer geworden bin. Als ich meine Schwangerschaft feststellte, erkannten Ryan und ich, dass wir geistliche Begleiter brauchten, vor denen wir uns verantworten wollten. Darum suchten wir uns schnell gute Pastoren und andere Menschen, denen wir Anteil an unserem Leben geben konnten. Ihre Ermutigung, ihre Weisheit und ihr Rat waren ein großes Geschenk.

Gott hat mich gerufen, zu Mädels im Teenie-Alter zu sprechen. Ich versuche ihnen Mut zu machen, und sage, dass sie auch nach einer schlechten Entscheidung umkehren und etwas Gutes draus machen können. Für Gott sind wir alle unglaublich wertvoll.

Vor allem mache ich allen und auch dir Mut, dir jemanden zu suchen, dem du vertraust. Sprich über die Sachen, die dich bewegen – über Entscheidungen, Verführungen und auch über Träume. Es ist unbegreiflich, wie viel besser das Leben werden kann, wenn wir andere Menschen an der Seite haben.

Nikki Leonti

DIE FAMILIE VON GEGENÜBER

So spricht der Herr, der Herrscher der Welt:
»Richtet gerecht und erweist einander Liebe und
Erbarmen.«

Sacharja 7,9

Als ich von zu Hause auszog, mietete ich mir eine Wohnung in einem billigen Wohnkomplex, wo lauter Azubis, Studenten und junge Berufstätige wohnten. Die einzige Ausnahme bildete eine Familie direkt gegenüber von mir in einer kleinen Wohnung, kaum größer als meine Einzimmerwohnung. Mein Fenster schaute direkt auf ihr Fenster und keiner hatte Vorhänge.

Ich hatte immer viel zu tun, denn abends und nachts arbeitete ich als Kellner und tagsüber ging ich in die Berufsschule. Meine Familie war gelinde gesagt enttäuscht, dass ich das Studium an der Uni nicht geschafft hatte, und ich hatte ein schlechtes Gewissen, weil ich dadurch ihr Geld verschwendet hatte. Also liefen die Telefondrähte zwischen mir und ihnen nicht gerade heiß.

Bei der Familie von gegenüber gab es viel mitzuerleben. Sie waren besser als jede Kitschsendung. Wirklich.

Das Kind saß meistens am Küchentisch, trank ein Glas Milch, malte Bilder und daneben lagen auf einem Teller ein paar Doppelkekse. Die Mutter lief umher, hatte ein paar Näharbeiten zu erledigen und jeden Nachmittag kam ungefähr um fünf Uhr der Vater herein und warf seine dünne Jacke auf den wackeligen Kleiderständer. Mutter und Sohn sprangen von ihrer jeweiligen Arbeit auf und umarmten ihn, als wäre er eine Woche lang weg gewesen.

Wenn ich es nicht mit eigenen Augen gesehen hätte, würde ich so was auch nicht glauben.

In der Woche vor Weihachten fuhr ich kurz nach Hause, um meine Familie zu besuchen. Da ich in meinem Kellnerjob noch neu war, hatte ich alle Feiertagsdienste abbekommen und konnte nur einen kurzen Besuch machen. Wir packten ein paar Geschenke aus, umarmten uns ständig und nach zwei Tagen war ich wieder in meiner eigenen Wohnung.

Ein paar Tage später schaute ich mal wieder der Familie von gegenüber zu und merkte, dass es dort anders aussah. Das Kind saß am Tisch, aber es stand kein Glas Milch da. Auch kein Teller mit Keksen. Die Mutter nähte, doch konnte sie kaum aufrecht sitzen. Es wurde fünf Uhr. Und es wurde später. Kein Vater. Keine Jacke auf dem Kleiderständer. Ich wartete und beschloss, so spät wie möglich zu meiner Schicht im Restaurant loszugehen. Um 5:50 Uhr war noch immer kein Vater in Sicht.

Auf meinem Weg zur Arbeit schaute ich an ihrer Wohnungstür vorbei in der Hoffnung, dass meine Ängste unbegründet waren. Doch an ihrer traurigen Tür hing ein großer, runder Begräbniskranz. Er war noch frisch.

Ich weinte auf dem Weg zur Arbeit, als wäre dieser Mann mein eigener Vater gewesen. Ich dachte an ihre billige Wohnung und den engen Wohnraum und fragte mich, wie sie ohne ihn je zurechtkommen sollten. Erinnerungen an ihre fröhlichen Gesichter und ihr Lachen gingen mir den ganzen Abend durch den Kopf und ich weiß nicht, wie ich es überhaupt bis zum Schichtende schaffte.

Auf dem Heimweg überlegte ich, wie ich ihnen helfen konnte. Ich wusste, dass es noch zu früh war, ihnen mein Beileid zu sagen. Wer war ich schon für sie? Was würden sie denken, wenn ein dahergelaufener Berufsschüler mit einem dünnen Spitzbart und einer Kellnerschürze an ihre Tür klopfen und beichten würde, dass er sie in den letzten sechs Monaten beobachtet hatte?

Die Tage vergingen und die Familie von gegenüber wurde mit jeder Stunde Mitleid erregender. Sie saßen. Sie standen. Sie waren mal in meinem Blickfeld, mal nicht. Ihr Kummer bahnte sich den Weg durch unser grün-braunes Haus bis zu meiner Wohnung. Im Radio wurden Weihnachtslieder gespielt und über den Bildschirm flackerten aufdringliche Zeichentrickfilme in Rot und Grün, doch nichts veränderte sich. Zum ersten Mal im Leben verstand ich, was der Ausdruck »Feiertagsdepression« bedeutet.

Genau!, schoss es mir durch den Kopf, als ich meine Arbeitskleidung für die Schicht am Heiligen Abend anzog. Die Familie gegenüber hatte keinen einzigen Lamettabüschel und keinen einzigen Tannenzweig aufgehängt. Ich glaube, sie hatten nicht einmal das Licht angemacht, seitdem der Mann des Hauses verstorben war. *Vielleicht würde ein Weihnachtsbaum sie ein bisschen aufheitern.*

Auf der Arbeit eilte ich umher, versprühte viel falsche Weihnachtslaune und war den ganzen Abend so zuvorkommend wie irgend möglich, um den Gästen ein großzügiges Feiertagstrinkgeld zu entlocken. Es funktionierte, und nach dem Dienst raste ich los auf der Suche nach einem Weihnachtsbaum-Ausverkauf. Dummerweise gibt es solche Sachen nur in kitschigen Feiertagssendungen. Alle Verkaufsstände für Weihnachtsbäume waren geschlossen und in den 24-Stunden-Kaufhäusern waren sogar die künstlichen Bäume ausverkauft. Ich fluchte, weil ich bis zur letzten Sekunde gewartet hatte, um den zwei verlorenen Seelen von gegenüber etwas Gutes zu tun.

Immer noch wütend hielt ich unterwegs an einer Tankstelle. Das Mindeste, was ich tun konnte, war, ihnen ein Care-Paket mit Milch und Weihnachtskeksen für das Kind zu besorgen.

Die schrumpelige alte Frau an der Kasse zog an einer Zigarette und sah genau zu, wie ich einen kleinen roten Korb mit Aufschnitt und Orangensaft, Zuckerstangen und Eierlikör füllte. Während ich zur Kasse ging, sah ich auf dem Tresen einen kleinen Baum stehen.

»Ist das Bäumchen zu verkaufen?«, fragte ich in ihren Zigarettendunst hinein.

»Jetzt ja«, krächzte sie, als sie den Stapel mit Einer- und Fünferscheinen in meiner gespannten Hand sah. »30 Dollar«, sagte sie, ohne mit der Wimper zu zucken.

»30 Dollar?«, gab ich zurück. »Aber es ist doch Heiligabend!«

»Ich weiß«, meinte sie lächelnd. »Was meinst du, welchen Preis ich dem letzten Typen gesagt habe. Du kriegst ein Sonderangebot.«

Ich quetschte den Baum in einen Plastiksack und nahm ihn mit in meine Wohnung, um ihn dort noch etwas auslüften zu lassen, bevor ich ihn nach Gegenüber brachte. Ich bereitete einen Teller mit Aufschnitt und Käse vor und einen anderen mit Keksen und Schokolade. Beide überzog ich mit Frischhaltefolie. Den Baum steckte ich in die Steckdose, um die Kerzen zu testen und ein wenig vom Zigarettengestank der alten Frau wegbrennen zu lassen.

Dann setzte ich mich nur für eine Sekunde in meinen klapprigen Secondhand-Sessel und wollte sehen, ob er der Familie von gegenüber gefallen würde.

Erst viel später wachte ich wieder auf, als es an der Tür klopfte. Ich sprang auf und sah die Essensteller mit dem hell erleuchteten Baum auf meinem kleinen Esstisch stehen. Wie lang mochte ich geschlafen haben?

Ich machte die Tür auf und sah die Mutter und den Sohn von gegenüber. Sie schauten besorgt und zeigten auf den Baum.

»Wir haben gesehen, dass die Lichter am Baum noch brennen und du daneben eingeschlafen bist«, sagten sie schüchtern. »Wir hatten Angst, dass es in deiner Wohnung anfangen würde zu brennen.«

Ich sah, wie der kleine Junge zu den Keksen und der Schokolade lugte und bat sie schnell herein. Ich sagte, sie sollten sich setzen und während sie aßen, fand ich sogar einen Radiosender, der Weihnachtslieder spielte. Ich schenkte Eierlikör und Orangensaft ein und setzte mich still neben sie.

Ich warf einen Blick hinüber zu ihrer dunklen, trostlosen Wohnung. Wie hell und lebendig muss mein Baum für sie ausgesehen haben, als bei ihnen an diesem ersten Heiligen Abend ohne den Mann des Hauses langsam die einsamen Stunden vergingen. Und wie Mitleid erregend muss ich neben dem Baum ausgesehen haben, wie ich in meinem kaputten Sessel saß, ganz allein am Heiligen Abend. Es war unglaublich, dass sie trotz der Tiefe ihrer eigenen Verzweiflung Mitleid mit mir haben konnten.

Ich hatte sie unbedingt überraschen wollen. Ich war nach Hause geeilt und hatte alles vorbereitet. Ich wollte an ihre Tür klopfen und ihnen zeigen, dass das Leben vielleicht doch nicht so furchtbar war.

Ihnen ein Wunder bescheren.

Doch am Ende hatte die kleine Familie von gegenüber das Wunder zu mir gebracht.

Rusty Fischer

MEIN ZWEITES LEBEN

Bleibt wach und betet, damit ihr
in der kommenden Prüfung nicht versagt.
Der Geist in euch ist willig,
aber eure menschliche Natur ist schwach.

Matthäus 26,41

Ich lag im Bett und starrte in die Dunkelheit. Aufgeregt betete ich: »Herr, ich brauche dich. Ich kann das nicht allein. Bitte, bitte, Herr Jesus, hilf mir.«

Ich hörte auf zu beten und dachte nach. Meine Gedanken schweiften in die Vergangenheit, während ich langsam einschlief.

Mir ging durch den Kopf, wie ich schon mit 16 Jahren an die Pornographie versklavt war. Traurig dachte ich an mein Verhalten in den vergangenen drei Jahren zurück, das mich an diesen Punkt gebracht hatte. Zuerst hatte ich mir nur Bekleidungskataloge angeschaut. Dann war ich zu Filmen wie *Striptease* und *Disclosure* übergegangen. Beim Gedanken an ein paar ausländische Filme, die ich mir angeschaut hatte, wurde mir schlecht. Ich hatte das Gefühl, hoffnungslos in Sünde verstrickt zu sein.

Doch nun fiel mir wieder ein, wo ich mich in diesem Moment befand – auf einer Freizeit meiner Gemeinde. Als junger Mitarbeiter.

Irgendwie hatte ich Mitarbeiter auf der Freizeit werden dürfen, ohne jemandem von meinen Problemen mit der Pornographie erzählen zu müssen. Niemand wusste von meinem Geheimleben außer Gott und mir.

Jetzt wandte ich mich schöneren Gedanken zu. Diese

Woche war genial gewesen. Ich hatte es geschafft, mich von meiner Sucht fernzuhalten, und fühlte mich Gott näher als je zuvor. Die Gemeinschaft mit den Kindern in meiner Gruppe und mit den anderen Mitarbeitern war super. Die geistliche Atmosphäre und den Tiefgang wollte ich am liebsten mein Leben lang festhalten. Ich hatte nicht ein einziges Mal Lust gehabt, an Pornographie zu denken, geschweige denn etwas anzuschauen.

Und dann dachte ich an das heutige Lagerfeuer zurück. Das Thema des Abends war gewesen, wie die Sünde unsere Beziehung zu Gott kaputtmachen kann. David, der Freizeitleiter, hatte es anschaulich gemacht, indem er Wasser ins Lagerfeuer geschüttet hatte, bis es ausgegangen war. Als es stockfinster gewesen war, hatte er gesagt: »Ihr habt gesehen, wie ich das Feuer gelöscht habe. So ist es, wenn wir sündigen. Wir ertränken Gottes Licht in unserem Leben.« Aber anschließend hatte er etwas Heu und Streichhölzer genommen und das Feuer wieder angezündet. Es hatte jedoch lang gedauert, bis es wieder brannte, weil das Holz nass war. Er war dann fortgefahren: »Es ist schwer, das Feuer wieder anzuzünden, weil noch so viel Wasser da ist. Genauso ist es in unserem Leben. Gottes Licht kommt nicht so einfach zurück, wenn wir es einmal mit der Sünde gelöscht haben.«

Alles, was er heute Abend gesagt hatte, hatte mich angesprochen. Am Ende war das Thema Pornographie und versteckte Sünde zur Sprache gekommen. Ich hatte genau zugehört, wie David die Gefahren der Pornographie erklärte.

Ganz unerwartet hatte der Freizeitleiter am Ende seiner Ansprache mich und einen anderen Mitarbeiter gebeten, nach vorne zu kommen und für alle zu beten, die mit versteckter Sünde kämpften. Ich war mit dem anderen Mitarbeiter zum Lagerfeuer gegangen. Zuerst hatte er gebetet, dann ich.

Ich hatte gesagt: »Lieber Herr Jesus, ich bete für alle hier, die mit versteckter Sünde kämpfen. Du hast gesagt, dass du uns unsere Sünde vergibst, wenn wir sie bekennen. Darum bitte ich für alle, die kämpfen, dass sie dir ihre Sünde bekennen und um deine Vergebung bitten. Hilf ihnen umzukehren, weil wir ohne deine Hilfe nichts tun können. Bitte mach auch, dass sie bei anderen Menschen Hilfe suchen, mit denen sie ehrlich über diese Themen reden können. Amen.«

Während ich gebetet hatte, war der Kloß in meinem Hals immer größer geworden. Ich hatte für mich selbst mindestens genauso sehr gebetet wie für die anderen am Lagerfeuer. Dieses Lagerfeuer war das Tiefste, was ich je erlebt hatte.

Beim Weggehen hatte ich über das Zeugnis nachgedacht, das ich am nächsten Morgen geben sollte. Vor dem Lagerfeuerabend hatte ich geplant, meine Bekehrungsgeschichte zu erzählen, aber jetzt war mir Gottes Forderung klar. Ich sollte die Wahrheit erzählen.

Als ich in meiner Hütte angekommen war, hatte ich meine Notizen für das Zeugnis zerrissen. Denn schon beim Schreiben der Notizen hatte ich gewusst, dass Gott nicht dieses Zeugnis wollte. Sein Drängen, die Wahrheit zu erzählen, hatte ich zu ignorieren versucht.

Nun waren meine Gedanken in der Gegenwart angelangt. Was sollte ich also morgen erzählen? Keine Ahnung. Wieder betete ich: »Lieber Herr, bitte gib mir die Worte, die ich sagen soll, und den Mut, sie auszusprechen. Amen.«

Meine Augen fielen zu und ich schlief ein.

Am nächsten Morgen wachte ich schon mit einem mulmigen Gefühl im Magen auf. Beim Frühstück und während der Stillen Zeit mit meiner Gruppe wurde ich immer aufgeregter. Mein Herz schlug vor Aufregung immer schneller und ich begann in den Handflächen zu schwitzen. Als der Morgenlobpreis anfing, war ich so nervös wie schon Jahre nicht mehr.

Mit jedem Lied rückte der Zeitpunkt für mein Zeugnis näher. Noch immer wusste ich nicht, was ich erzählen würde. Ich wusste nur, dass ich Gott vertraute. Was er von mir verlangte, wollte ich nicht hinterfragen.

Schließlich war es so weit. Irgendwie trugen meine Beine mich nach vorn. Vor Aufregung zitterte ich am ganzen Körper. Ich machte den Mund auf und bat Gott um die richtigen Worte.

»Hallo«, begann ich zittrig. »Als ich mich gemeldet habe, ein Zeugnis zu geben, wusste ich nicht, warum ich gerade diesen Morgen aussuchte. Aber ich glaube, jetzt weiß ich's. Eigentlich wollte ich euch erzählen, wie ich wegen meiner Angst vor der Hölle schon als kleiner Junge Christ wurde. Aber das Lagerfeuer gestern hat alles umgeworfen. Stattdessen will ich euch die Wahrheit über mein Leben erzählen und die ist, dass ich von Gott abgefallen bin.«

Ich machte eine Pause zum Luftholen. Im Raum herrschte absolute Stille. 100 Gesichter, die ich gerade erst kennengelernt hatte, blickten mich an.

»Schon lange mache ich Sachen, von denen ich weiß, dass sie falsch sind. In der Dunkelheit habe ich Licht gesucht. Aber die Woche hier hat mein Leben verändert. So, das war's. Danke.«

Ich wusste kaum noch, was ich gesagt hatte. Wo meine

Worte hergekommen waren, wusste ich auch nicht. Da es eine Kinderfreizeit mit Erst- bis Sechstklässlern war, wollte ich sie nicht mit einer genauen Beschreibung meiner Sünde überfordern. Auf jeden Fall hätte ich dieses Zeugnis nie geben können, wenn Gott mir nicht die Worte und den Mut dazu geschenkt hätte. Ich durfte lernen, dass Gott alles machen kann, wenn ich ihm zuhöre und ihm gehorche.

Endlich hatte ich den ersten Schritt getan, um mein Geheimleben loszuwerden. Ich spürte, dass dies für mich ein Wendepunkt war.

Ich ging an meinen Platz zurück, während die anderen klatschten, so wie bisher nach jedem Zeugnis geklatscht worden war. Aber dann stand ein Mitarbeiter auf und schlug vor, für mich zu beten. Also ging ich wieder nach vorne und die zwei Freizeitleiter sowie mein Gruppenleiter beteten für mich. Während ich ihr Gebet empfing, fühlte ich mich wie Wackelpudding.

Als sie fertig waren, umarmten mich fünf Mitarbeiter. Komischerweise machte es mir gar nichts aus, obwohl ich das sonst nicht mag. Ich fühlte mich großartig. Ich spürte, dass Gott mein Leben verändern konnte.

Danach fragten mich die Mitarbeiter, ob ich noch mit jemandem über etwas Bestimmtes reden wollte, doch ich antwortete, ich wolle zuerst mit meinen Eltern reden. Mit ihnen verstehe ich mich sehr gut und ich weiß, dass ich ihnen wirklich alles sagen kann. Ich war sicher, dass sie mir zuhören würden und dass ihnen meine Erlebnisse und Kämpfe wichtig sind – egal, ob es gute oder schlechte Sachen sind.

Als ich wieder zu Hause war, erzählte ich meinen Eltern von meinen Kämpfen. Es war ein gutes Gefühl, alles endlich ans Tageslicht zu bringen.

Obwohl ich jetzt am liebsten erzählen würde, dass mein Kampf zu Ende ist, muss ich doch zugeben, dass es mir immer noch schwerfällt, von pornographischen Sachen Abstand zu halten. Wahrscheinlich muss ich meine menschliche Schwachheit immer wieder im Gebet in Gottes Hände legen, und das tue ich auch.

Doch seitdem Gott auf der Freizeit so stark in meinem Leben gewirkt hat, habe ich zum ersten Mal begriffen, dass er tatsächlich alles kann.

Daran halte ich mich fest.

Daniel J. Hill, 17

DANKBAR

Der Herr hat dich wissen lassen, Mensch,
was gut ist und was er von dir erwartet:
Halte dich an das Recht, sei menschlich zu deinen
Mitmenschen und lebe in steter Verbindung
mit deinem Gott!

Micha 6,8

Es war die Woche von *Thanksgiving*: in den USA der Auftakt zum Gehetze in der Weihnachtszeit. Zwei Monate zuvor war das *World Trade Center* von Terroristen zerstört worden und Tausende Menschen waren ums Leben gekommen – zahllose Kinder hatten ein Elternteil oder beide Eltern verloren – und ich war ganz durcheinander von den Kommentaren meiner Schulkameraden.

»Ich habe nichts, wofür ich danken kann«, tat einer von ihnen sehr arrogant in einer Diskussionsstunde im Englischunterricht kund.

Was?, schrie ich innerlich. Unruhig dachte ich an die alten Leute in Haiti und ihre Dankbarkeit für die Schuhe, die ich ihnen geschenkt hatte, und an die kleinen Kinder, die für eine Weile ihrem Elend entfliehen konnten, wenn ich sie auf den Arm nahm und tröstete.

Gerade war ich von einer Haitireise zurückgekommen, wo ich gelernt hatte, was es bedeutet, mal aus meinem bequemen Leben auszusteigen. Es war so gewesen, als wäre ich in eine Sendung über exotische Länder eingetaucht und alle Gerüche, Bilder und Menschen des Landes wären plötzlich lebendig geworden.

Ich hatte dort einem medizinischen Team bei der Behandlung von Haitianern geholfen, die tagtäglich ohne den Luxus leben, der für uns selbstverständlich ist: Wasser und Strom im Haus, geteerte Straßen, Heizung oder Klimaanlage. Auch wir hatten dort ohne den gewohnten Komfort gelebt. Wir haben viele Menschen getroffen, die nur selten eine Gelegenheit zum Baden oder Duschen hatten. Sie stanken dadurch so sehr, dass wir es kaum aushielten. Ich ertappte mich oft beim Luftanhalten, wenn ich mich hinkniete und alten Haitianern in die Schuhe half. Ich gab ihnen die kleinen Dinge, die ich anzubieten hatte – Kleidung, Spielzeug, Schuhe und Lachen –, und ihre dankbaren Gesichter zeigten mir jedes Mal, wie ähnlich wir uns sind. Unsere menschlichen Bedürfnisse sind dieselben. Der Unterschied besteht darin, dass meine Bedürfnisse meistens erfüllt werden und ihre meistens nicht.

Ich sah sehr viel herzergreifendes Leid, aber am meisten berührte mich ein kurzer halbstündiger Besuch im Heim für kranke, unterernährte Babys von Mutter Teresa an unserem letzten Tag. Als einzige Schülerin ging ich mit den sechs Erwachsenen unserer Gruppe dorthin.

Wir hielten vor dem Tor, stiegen aus dem Kleinbus aus und eine Nonne öffnete uns. Hinter der Nonne rief ein kleines Mädchen »Hallo!« und winkte uns aufgeregt zu. Beim genaueren Hinsehen erkannte man den traurigen Zustand dieses fröhlichen Mädchens. Ihr Ohr war umgeben von getrocknetem Blut und ihre Mundränder waren voller Grind. Mir wurde unbehaglich, während wir der Nonne folgten, und ich fragte mich, ob alle Kinder so krank aussehen würden. Das Mädchen huschte fort, als wir ins Gebäude gingen.

Noch bevor wir die Kinder sahen, konnten wir sie schon hören. Kindergeschrei geht mir immer auf die Nerven und darum war für mich das Geräusch von mehreren Dutzend weinenden Babys fast unerträglich. Die Hitze im Raum war erdrückend und ich sah, wie mehreren Erwachsenen der Schweiß schon von der Nase tropfte. Als wir den ersten Raum betraten, hielt ich die Luft an, um mich auf das vorzubereiten, was ich sehen und riechen würde.

Der Anblick war herzzerreißend. Der Raum war voll von Bettchen, in denen minikleine weinende Säuglinge lagen. Die Reihen der kranken Babys schienen endlos. Ihre Matratzen waren durch viele kleine Unfälle sehr dreckig geworden und durch ihr Alter fast kaputt.

Zuerst übermannte mich die Hilflosigkeit. Manche aus meiner Gruppe fingen an, mit den Babys zu reden und sie anzulächeln, also machte ich schnell mit.

Im nächsten Zimmer waren die Kinder mit Tuberkulose. Als wir hineingingen, merkte ich, wie ich innerlich zögerte, mit ihnen zu spielen, und schämte mich. Ich hatte Angst vor Ansteckung, doch unterdrückte ich meine Besorgnis und überschüttete die Kinder mit aller Aufmerksamkeit, die ich aufbringen konnte.

Plötzlich war der Gesang zarter Stimmen aus einem anderen Teil des Gebäudes zu hören. Mit der Gruppe ging ich in Richtung der Musik. Im Essraum waren zwei Dutzend etwas ältere, gesündere Kleinkinder, die gerade mit dem Essen fertig waren und uns nun mit einem Lied begrüßten. Sie sangen auf Französisch: »*De rien, tra la la, merci merci vous!*« Das heißt so viel wie »Bitteschön und Dankeschön!«

Ich kämpfte mit den Tränen, als diese nach Aufmerksamkeit lechzenden Kinder auf uns zurannten. Für die wenigen Nonnen war es schlicht unmöglich, den 100 Kindern im Haus jeden Tag persönliche Aufmerksamkeit zu schenken. Die Kinder zupften an unseren Kleidern. Sie sehnten sich danach, auf den Arm genommen zu werden.

Nach kurzer Zeit rief eine Nonne die Kinder wieder in einen anderen Raum. Wir drehten uns um und wollten gehen, die Kinder schrien und wir schenkten ihnen eine letzte Umarmung, ein letztes Lächeln. Auf dem Weg zum Ausgang sah ich ein kleines Mädchen in einem ganz kleinen Schaukelstuhl, das die Arme ausstreckte und weinte. Ich ging zu ihr, nahm sie auf den Arm und sofort hörte sie auf zu weinen. Sie legte ihr Köpfchen an meine Schulter und ich sprach beruhigend auf sie ein, wobei ich mich mehr selbst beruhigte, als dass ich sie tröstete. Ihr harter aufgeblähter Bauch drückte gegen meinen vollen Magen und ich wiegte sie hin und her. Die Beine unter ihrem Körper waren dünn und schwach und für mich war es nicht einfach, ihren zerbrechlichen Körper zu halten.

Von Hoffnungslosigkeit übermannt dachte ich an alle Kinder, die dieses Heim nie verlassen würden. Beim Gedanken an das Land und das Leben, in das ich am nächsten Tag zurückkehren würde, kam ich mir egoistisch und verwöhnt vor. Ich erkannte, welch großes Geschenk Gottes es war, in den USA oder in Europa geboren zu werden und zu einer Familie zu gehören: Es ist Luxus, in einem Land zu leben, das jedem gleiche Möglichkeiten bietet, das stabil und hochentwickelt ist. In den USA oder Europa geboren zu werden, selbst wenn man keine gute Familie oder nicht viel Geld hat, ist immer noch hundert Mal besser, als in der Umgebung und unter den wirtschaftlichen Bedingungen zu leben, die ich in jener Woche sah.

Beim Abschied gab ich der leitenden Nonne eine Hand voll Geld – ein kläglicher Versuch, mein eigenes Gewissen zu beruhigen. Gott hatte mir große Gnade gezeigt, als er mir so ein gutes Leben schenkte, und jetzt wollte, ja musste ich diesen armen, elenden Kindern als Dank alles nur Mögliche geben.

Nun saß ich also einen Monat vor Weihnachten im Unterricht mit lauter Schülern, von denen diese Realität ferngehalten wird, die Realität der Lebensbedingungen vieler Menschen in anderen Ländern. *Wenn sie nur wüssten, wie viel wir haben und wie viel für uns selbstverständlich ist,* dachte ich. *Vielleicht wären sie dann dankbarer.*

Traurig schüttelte ich einen Augenblick lang den Kopf. Aber dann wallte etwas in mir auf und wie von allein hob sich mein Finger.

»Ich möchte der Klasse gern von meiner Reise nach Haiti erzählen«, fing ich an.

Elizabeth A. Glover, 17

GESTÄNDNIS

Menschen, die ihre Verfehlungen verheimlichen,
haben keinen Erfolg im Leben; aber alle,
die ihr Unrecht bekennen und aufgeben,
finden Gottes Erbarmen. Wie glücklich sind alle,
die Gott ernstnehmen! Doch wer starrsinnig bleibt,
stürzt ins Unglück.

Sprüche 28,13–14

Ab und zu ist das Leben ziemlich undurchschaubar. Oft ist es so: Du gehst los, die Augen fest auf Gott gerichtet, aber dann driftest du langsam ab, musst Verlockungen bestehen – bis du wieder zu Gott zurückfindest, und er ist genau dort, wo du ihn verlassen hattest.

Nachdem ich jahrelang in einer Band gespielt hatte, die nur weltliche Musik machte, und wir spürten, dass dies nicht viel mit unserem Glauben zu tun hatte, gründete ich mit ein paar Freunden die Band *Slick Shoes*. Es sollte keine richtige Lobpreisband werden, aber zumindest konnten wir unseren Glauben teilen und unser Talent zur Ehre Gottes einsetzen.

Im Laufe der folgenden Jahre wurden wir bekannter und verloren den Aspekt des Glaubens aus dem Blick. Mit der Anerkennung, die wir erwarben, gingen wir ein bisschen egoistisch um und unsere Coolness war uns wichtiger als die Erinnerung daran, was uns eigentlich zu dieser Band gemacht hatte. Zu dieser Zeit erreichten wir aber auch unseren absoluten Tiefpunkt und mussten einen Kampf nach dem anderen ausfechten.

Wir waren unterwegs auf Konzerttour, auf der nichts

klappte. Wir gaben mehr Geld aus, als wir einnahmen. Und obwohl wir einen nagelneuen Transporter hatten, gab es ständig Pannen. Manchmal ließen wir sogar beim Tanken den Motor laufen, weil er nach dem Ausmachen nicht wieder gestartet wäre.

Es kam vor, dass wir stundenlang an einer Tankstelle festsaßen und auf Hilfe warteten, weil unser Transporter nicht anging. Die Tankstellenwarte witterten Beute, wenn wir hereinkamen, und berechneten uns horrende Reparaturkosten, weil wir den Leuten hilflos ausgeliefert waren, die unser Fahrzeug reparieren konnten.

Die Situation wurde so schlimm, dass wir manche Nächte in heruntergekommenen Absteigen in Rotlichtvierteln verbrachten, weil das die einzigen Zimmer waren, die wir uns leisten konnten, wenn wir mal wieder in einem Ort festsaßen, der nicht auf dem Tourplan stand. Doch das war oft noch schlimmer als eine Nacht im Transporter, weil es passieren konnte, dass um vier Uhr morgens Unbekannte an die Zimmertür klopften und irgendjemanden suchten. Stress pur.

Wenn wir dann irgendwann völlig abgebrannt waren, mussten wir unsere Eltern anrufen und bei ihnen um Geld betteln. Schließlich übernachteten wir auch in Privathäusern von völlig unbekannten Leuten, da wir nicht einmal mehr die Absteigen im Rotlichtviertel bezahlen konnten.

Das Schlimmste waren jedoch die Anrufe von meiner Frau, die mich fragte, wo wir das Geld für die Rechnungen hernehmen sollten, die fällig waren. Das machte mir sehr zu schaffen. Nun war der Zeitpunkt gekommen, an dem wir hinterfragten, ob Gott unsere Band wirklich wollte, wenn wir fast unsere Familien ruinierten und auf den

Tourneen nicht einmal uns selbst über Wasser halten konnten.

Eines Tages waren wir in Texas bei jemandem, dessen Mutter uns erlaubt hatte, bei ihr zu übernachten. An diesem Abend war für mich ein Telefoninterview mit einer Zeitschrift angesetzt. Mitten im Gespräch fiel es mir plötzlich wie Schuppen von den Augen, warum wir so viele Probleme hatten.

Als ich aufgelegt hatte, fiel ich auf die Knie und legte in diesem Moment alles in Gottes Hand. Ich gestand, dass wir mehr Anerkennung für uns behalten, als wir ihm weitergegeben hatten, und dass wir nach unseren eigenen Ideen gehandelt hatten, ohne ihn zu fragen. Und ich bekannte ihm auch, dass ich vergessen hatte, dass meine Fähigkeit, Schlagzeug zu spielen, ein Geschenk von ihm war.

Nun fragte ich ihn mit offenem Herzen, ob er für uns wirklich diese Aufgabe vorgesehen hatte. Ich war ehrlich bereit, alles aufzugeben, wenn er mir sicher sagte, dass er das wollte. Und wenn es bedeutete, dass ich den Rest meines Lebens in einem Pizzaladen oder als Pförtner im Gefängnis arbeiten sollte, dann wüsste ich zumindest, dass ich Gottes Willen tue und sein Segen darauf liegt. Ich kannte seinen Willen nicht mehr, weil ich Gott ignoriert und alles aus eigener Kraft getan hatte.

Bald nach diesem Gebet, in dem ich alles in Gottes Hände gelegt hatte, wurde seine Antwort klar. Der Transporter hatte keine Pannen mehr und unsere Rechnungen wurden bezahlt. Wir konnten in ordentlichen Hotels schlafen, anstatt um kostenlose Unterkünfte zu betteln. Wir nahmen ein neues Album auf. Insgesamt erlebten wir viel Segen und daran erkannte ich, dass Gott so viel mehr tun kann als wir, wenn wir nur ihn ans Steuer lassen und uns selbst zurücknehmen.

Heute ist alles ganz anders als damals und es ist *tausendmal* besser. Indem wir unsere Ichbezogenheit zugaben, standen wir uns plötzlich nicht mehr selbst im Weg und wurden davor bewahrt, noch tiefer in unser selbstverschuldetes Unglück zu stürzen. Ich bin froh, dass wir klug genug waren, unseren eigenen Anteil an den Dingen zu erkennen, anstatt mit dem Spruch »*Warum wir, Herr? Was haben wir getan, dass wir das verdienen?*« anzukommen.

Im Leben wird es immer Höhen und Tiefen geben, aber Gott hilft uns hindurch, wenn wir ihn an die Front lassen und uns nicht von ihm abbringen lassen.

Denk an ihn bei allem, was du tust;
er wird dir den richtigen Weg zeigen.

Sprüche 3,6

Joe Nixon
Slick Shoes

EIN GOTT VOLL WEISHEIT UND GEDULD

*Aber die Weisheit von oben ist zuerst einmal rein und
klar; sodann ist sie friedliebend, freundlich, nachgiebig.
Sie ist voller Erbarmen und bringt viele gute Taten
hervor. Sie kennt weder Vorurteil noch Verstellung.*

Jakobus 3,17

*Der Herr erfüllt seine Zusagen nicht zögernd,
wie manche meinen. Im Gegenteil: Er hat Geduld mit
euch, weil er nicht will, dass einige zugrunde gehen.
Er möchte, dass alle Gelegenheit finden,
von ihrem falschen Weg umzukehren.*

2. Petrus 3,9

*Bei Gott ist wirklich Weisheit, Rat und Einsicht
und auch die Macht, Geplantes auszuführen.*

Hiob 12,13

AUF GOTT VERTRAUE ICH

Verlass dich nicht auf deinen Verstand,
sondern setze dein Vertrauen ungeteilt auf den Herrn ...

Sprüche 3,5

Ich stand draußen vor der Intensivstation des Krankenhauses *Hillcrest* und war vor Kummer wie betäubt. In Gedanken ließ ich die Geschehnisse der letzten paar Stunden vorbeiziehen: ein scheinbar harmloser Infekt, eine notwendige Blutabnahme, eine Untersuchung durch Spezialisten in weißen Kitteln, an deren Hälsen die Stethoskope wie Schmuck aussahen. Dann ging es ganz schnell zur Intensivstation. Wir warteten, ohne ein Wort zu sagen. Unerwartet gab es eine Operation. Ihr Blutdruck fiel ab. *Herzinfarkt.*

NEIN!, schrie ich innerlich. *Kein Herzinfarkt, nicht ihre Zimmernummer, nicht sie!*

Ärzte und Krankenschwestern strömten aus allen Richtungen in ihr Zimmer. So viel Bewegung, so viel Geschrei, Durcheinander, Aufruhr. Dann entfernte sich langsam jeder ein Stückchen von ihrem Bett.

Meine Schwester war gerade für tot erklärt worden.

Unmöglich, dachte ich verzweifelt. Mit ihr hatte ich 17 Jahre lang das Zimmer geteilt. Wir waren zusammen auf Mädchenzeltlager gefahren, hatten für gute Zwecke gesungen, für das Theaterstück in der Schule geprobt und in unserem umgebauten Keller gemeinsam viele Last-Minute-Pizza-Partys organisiert.

Manchmal hatten wir Verrücktheitsanfälle und taten so, als gingen wir auf Schnepfenjagd (das dachten wir uns einfach aus), oder wir trommelten ein paar Mädels zusammen und umwickelten ein paar Häuser mit Klopapier. In einem Jahr verknallten wir uns sogar gleichzeitig in denselben Jungen. Das war nicht lustig.

Sie machte mir immer viel Mut. Als ich als stellvertretende Schulsprecherin kandidieren wollte, war sie die Erste, die Poster druckte und Flyer verteilte. Als ich beschloss, beim Junior-Musikwettbewerb mitzumachen, wo es Stipendien zu gewinnen gab, hörte sie mir stundenlang beim Gitarrespielen zu und gab mir Tipps fürs Singen. Als ich nach New York ging, um mein Glück als Model zu probieren, schickte sie mir unzählige Briefe nach dem Motto »mach deinen Traum wahr« und viele kleine Überraschungen. Ja, sie war meine Schwester, aber vor allem war sie meine Freundin.

Und nun war sie weg.

Zu Hause sah ich dann zu, wie meine Verwandten und Freunde nacheinander eintrafen. Manche weinten still, manche krümmten sich vor Schmerz. Einige umarmten uns zum Trost, einige brachten etwas zu essen, andere wussten nicht recht, was sie tun sollten. Meine Betäubung ging allmählich in brodelnden Zweifel über.

Gott, wie konntest du das zulassen? Was hast du dir dabei gedacht? Sie war so jung. Sie hatte noch so viel vor sich, erinnerte ich Gott. *Viele Sachen kann ich akzeptieren*, schimpfte ich, *aber das, Herr, das musst du mir erklären!*

Doch der Himmel schwieg.

Ein paar Tage später hörte ich jemanden sagen, Gott sei uns keine Erklärungen schuldig für das, was in unserem Leben passiere.

Dieser Satz brachte mich zur Weißglut. Es klang total

unfair. Natürlich war Gott mir eine Erklärung schuldig! Immerhin war mir der Boden unter den Füßen komplett weggezogen worden. Ich dachte sogar, wenn er auch nur ansatzweise ein richtiger Gott sei, würde er mir die Gründe erklären wollen – damit ich ihm nicht mehr böse bin!

Aber im Laufe der Zeit verstand ich, dass der Satz richtig war. Tief im Inneren erkannte ich, dass es stimmte. Der Gott des Universums, derselbe Gott, der Himmel und Erde, Sonne und Sterne geschaffen hat, die majestätischen Berge und das mikroskopisch kleine Urtierchen, er muss mir weder Erklärungen abliefern noch mich bei den Dingen um Erlaubnis bitten. Schließlich ist er Gott: Seine Wege sind höher als meine. Ich erkannte, dass ich mich entscheiden musste. Entweder konnte ich Gott weiterhin die kalte Schulter zeigen, weil er nicht nach meinen Regeln spielte, oder ich konnte ihm vertrauen.

Nur war ich noch nicht bereit.

Einige Wochen nach der Beerdigung meiner Schwester war ich in meinem Zimmer und las ein paar alte Briefe, die sie mir geschickt hatte. Am Ende eines Briefes stand ein P.S. und dazu war ein Bibelvers angegeben – ein Vers aus den Sprüchen. Aufmerksam las ich die Worte: »Verlass dich nicht auf deinen Verstand, sondern setze dein Vertrauen ungeteilt auf den Herrn!«

Das war einer ihrer Lieblingsverse gewesen.

So saß ich in meinem Zimmer im Schneidersitz auf dem Boden und musste mich entscheiden. Ich konnte dem Rat meiner Schwester folgen oder auf Gott wütend bleiben und verbittern.

Ich entschied mich, Gott zu vertrauen.

Zwar verstand ich nicht alles und hatte nicht alle Antworten bekommen, doch hatte ich nicht mehr das Bedürfnis, eine Erklärung zu bekommen. Endlich konnte ich Gott Gott sein lassen.

Durch diese Entscheidung begann meine eisige Einstellung ihm gegenüber zu schmelzen. Mein Kummer wurde kleiner, zumindest ein ganz klein wenig. Da meine Gedanken nicht mehr im Fordern von Antworten gefangen waren, wurde ich freier und konnte über meine Schwester sogar positive Gedanken haben, ich konnte mich an die schönen gemeinsamen Zeiten mit ihr erinnern.

Die guten Erinnerungen an sie begleiten mich heute jeden Tag: Diese Erinnerungen werde ich für immer tief in meinem Herzen aufbewahren, in dem Herzen, das gelernt hat zu vertrauen.

Andrea Stephens

DIE ZEIT DER STILLE

Denke nicht an die Fehler meiner Jugend,
auch nicht an die späteren Vergehen;
aber denke an mich in deiner Liebe –
auf deine Güte, Herr, verlasse ich mich!

Psalm 25,7

Tagebucheintrag vom 10. Juli:

Pubertierender Teenager. Wer kann mir erklären, was das ist? Was bedeutet es und warum benutzen meine Eltern und Lehrer diesen Ausdruck, wenn sie über mich reden? Ich lebe nach meinen Regeln und nicht nach ihren. Ich tu, was ICH will. Ich bin ein eigenständiger Mensch und was meine Eltern denken, ist mir egal. Wer sind sie schon, dass sie mir erzählen wollen, wie ich leben soll? Ich tu, was sie von mir verlangen. Ich geh in ihren Gottesdienst. Ich geh in ihre Schule. Ich geh auf ihre sogenannten Familienausflüge mit. Warum gehen sie mir dann noch damit auf den Senkel, dass ich aufhören soll zu rauchen? Das ist meine Entscheidung, nicht ihre. Ich kann ja wohl ab und zu mal ein bisschen Gras rauchen! Macht doch nix, solang es nur wenig ist. Und warum redet der Jugendpastor ständig davon, bis zur Ehe sexfrei zu bleiben? Ich bin schon drei Jahre mit meinem Freund zusammen und vielleicht heirate ich ihn später sowieso. Die sollen mich in Ruhe lassen!

In dem Sommer, bevor ich in die zehnte Klasse kam, lebte ich so, wie ich wollte. Ich schlich mich nachts aus dem Haus und ging zu Konzerten, die meine Eltern nicht gut fanden. Jedes Wochenende war ich auf Partys, und das bedeutete Alkohol, Drogen und zu viel Nähe in der Beziehung zu meinem Freund David. Früher oder später musste es schiefgehen.

Durch die Dinge, die mir in den Monaten nach diesem Tagebucheintrag passierten, begann ich zu verstehen, warum meine Eltern, Lehrer und der Pastor versucht hatten, mit mir zu reden und mir einen anderen Lebensweg zu zeigen. Der Grund war nicht, dass sie mir jeden Spaß verbieten wollten oder dass ich genauso werden sollte wie sie. Vielmehr hatten sie mich einfach lieb und wollten das Beste für mich und mein Leben.

Als im September die Schule wieder anfing, konnte ich nicht mehr mit meinen Freunden mithalten. Ich war ständig müde und mir wurde beim bloßen Gedanken an eine Zigarette übel. Nach der Schule ging ich nicht mit in den *Stoner Park* zum Abhängen, sondern ging heim, um ein wenig zu schlafen. Im Oktober nahm ich ein bisschen zu, dachte aber, es liege an meinem Bewegungsmangel. Als ich dann eine Grippe bekam und mich jeden Morgen übergeben musste, erkannte ich, dass mein körperlicher Zustand vielleicht doch keine Grippe war. Möglicherweise war ich schwanger. Ich machte zu Hause zwei Schwangerschaftstests, um meinen Verdacht zu prüfen.

Es stimmte.

Ich fühlte mich hilflos, war total durcheinander und wütend. Ich hatte keine Ahnung, warum mir das passieren musste. In letzter Zeit hatte ich nur selten mit meinem Freund geredet. Er wohnte zwei Autostunden entfernt, und seitdem die Schule wieder angefangen hatte, waren die Treffen schwieriger zu organisieren. Ich wusste nicht, wem ich das erzählen und was ich tun sollte.

Schließlich rief ich meinen Jugendpastor an und fing gleich an zu heulen. Er beruhigte mich und sagte, ich solle es meinen Eltern erzählen. Das aber war das Allerletzte, was ich hören wollte. Meine beiden Eltern waren angesehene Leute, sie trugen Verantwortung in der Gemeinde und engagierten sich in der Schule. Zuerst dachte ich: *Die bringen mich um.* Dann dachte ich: *Wie kann ich es wagen, so ihren Ruf zu zerstören? Es wird ihnen das Herz brechen.*

Ich wartete noch ein paar Tage, konnte dann aber meine Übelkeit am Morgen nicht mehr verbergen. Zuerst sagte ich es meiner Stiefmutter und sie erzählte es meinem Vater. Dann rief ich meine richtige Mutter an und erzählte es ihr. Meine Mutter war böse und hatte Angst vor dem Bevorstehenden. Mein Vater war verletzt und wurde ganz still. Zwei Nächte lang blieb er schweigend auf, las in der Bibel und betete.

Eine Woche später brachte meine Stiefmutter mich ins *Zentrum für Krisenschwangerschaft*, eine Einrichtung für schwangere Teenies. Die Leute dort sprachen alle Möglichkeiten mit mir durch und berieten mich bei der Entscheidung. Wegen meines Glaubens stand Abtreibung überhaupt nicht zur Debatte. Sie schlugen mir neben Abtreibung und einem Leben als Teenager-Mutter eine dritte Lösung vor: Adoption. Meiner Meinung nach war es nicht richtig, mein Bedürfnis nach einem Kind höher einzustufen als das Recht meines Kindes auf ein glückliches, erfolgreiches Leben. Tief im Inneren wusste ich, dass ich diesem Kind nicht das Zuhause geben konnte, das es verdiente – zwei Eltern, ein gesichertes Einkommen und eine gute Umgebung. Ich konnte ihm diese Sachen einfach nicht bieten.

Mein Vater war froh, dass ich mich für die Freigabe zur

Adoption entschied, und er unterstützte mich nach Kräften auf diesem Weg. Meine Mutter meinte jedoch, ich solle das Kind behalten. Dafür bot sie ihre umfassende Hilfe an. Sie versteifte sich so sehr auf diese Meinung, dass sie sogar mit rechtlichen Mitteln versuchte, das Sorgerecht für das Ungeborene zu erwerben. Zum Glück beschützte mich die Gesetzeslage in Kalifornien vor ihrer Forderung. Meine Großeltern väterlicherseits waren so böse auf mich, dass sie nicht mehr mit mir sprachen. Durch all das hindurch musste ich zu der Entscheidung stehen, das zu tun, was ich in meinem Herzen für richtig hielt.

Die nächsten Monate waren die schlimmste Zeit meines Lebens. David redete nicht mehr mit mir. Wahrscheinlich war es nicht leicht für ihn, mit 15 Jahren Vater zu werden. Die Schule war ein täglicher Kampf, weil ich mich vor meinen Freunden verteidigen musste. Jeder hatte seine eigene Meinung und seine Vorschläge für mich.

Die Leute fragten mich: »Warum hast du dein Kind nicht lieb?«, »Wie kannst du es weggeben, wenn du es doch lieb hast?«, »Wenn du zu wenig Geld hast, kannst du doch den Vater anzeigen und ihn zahlen lassen. Immerhin war es auch seine Entscheidung.« Andere fragten: »Woher willst du wissen, dass dein Kind nicht in die Hände von Idioten gerät, die Gehirnwäsche mit ihm machen?«

Solche Fragen verfolgten mich, wenn ich durchs Schulgebäude ging.

Ich verlor fast alle Freunde. Nicht, dass sie mich nicht mehr mochten, sondern ich konnte einfach nicht mehr mit ihnen Schritt halten. Ich schaffte es nicht mehr, bis nach neun Uhr aufzubleiben. Mein Körper ließ das nicht zu. Ich konnte nicht rauchen, trinken oder auf Punkkonzerten abtanzen. Alle verloren das Interesse an mir.

Ich konnte einfach keine normale 15-Jährige mehr sein. Ich machte den Schulunterricht allein zu Hause, um Zeit für alle Arzttermine zu haben. Ich musste mich richtig ernähren, also kein Fastfood mehr. Modische Klamotten und das süße Kleid in Größe 34 konnte ich vergessen. T-Shirts in Übergrößen und Stretchhosen eroberten meinen Kleiderschrank. Anstatt freitagabends ins Kino zu gehen, saß ich mit meinen Eltern im Geburtsvorbereitungskurs. Mein Leben veränderte sich drastisch.

Heute bezeichne ich diesen Lebensabschnitt als »Zeit der Stille«. Vielleicht zum ersten Mal in meinem Leben konnte ich still genug werden, um herauszufinden, was wirklich in meinem Herzen lebte. Das brauchte ich am allernötigsten. Ich wünschte mir, dass mein ungeborener Sohn erfahren würde, wer seine Mutter wirklich war, und so begann ich, ihm ein Tagebuch zu schreiben.

Dieses Tagebuch half mir zu erkennen, wer ich geworden war. Ich staunte über das, was an die Oberfläche kam — jetzt, wo ich still genug war hinzuhören.

Ich merkte, dass Aussehen und Mode nicht so wichtig sind wie die inneren Dinge. Nach und nach veränderte sich meine Perspektive und meine Sicht auf die Menschen. Meine alten Freunde wollten immer Spaß haben. Meine echten Freunde waren letztlich diejenigen, die mir in diesem Moment zur Seite standen und in meinem Tempo solche Sachen mit mir unternahmen, die ich noch schaffte. Ich fing an, wahre Liebe, Vertrauen in ehrliche Menschen und Respekt für andere kennenzulernen.

Diese neue Perspektive gab mir Orientierung bei der Suche nach neuen Eltern für meinen Sohn. Ich schrieb eine Liste mit allen Eigenschaften, die ich mir für diese Eltern wünschte und hielt mich bei der Auswahl der Familie an diese Liste. Ich fand ein tolles Ehepaar, das seit sieben Jahren versuchte, Kinder zu bekommen. Ganz am Anfang des Adoptionsvorgangs hatten wir uns für eine offene Adoption entschieden, bei der ich auch später meinen Sohn sehen und mit der Familie Kontakt haben durfte. Sie halfen mir emotional, finanziell und geistlich und nahmen viel Anteil an der Schwangerschaft.

Ich besuchte die Adoptiveltern Joe und Christine in *Washington* und sie reisten zu mir nach Kalifornien, um meine Familie kennenzulernen. Christine wohnte bis zur Entbindung bei uns und im Kreißsaal durfte sie sogar die Nabelschnur durchtrennen. Als nach der Geburt von Isaac die Zeit für ihre Abreise gekommen war, verabschiedete ich mich traurig von ihnen, denn sie waren mir sehr ans Herz gewachsen.

Manche Leute fragen mich, wie ich mein Kind hergeben konnte. Aber ich sehe es anders. Nach meiner Sichtweise habe ich das Geschenk des Lebens verschenkt. Ich bin so glücklich, dass ich zwei Menschen Segen bringen konnte, indem ich ihnen das schenkte, was sie sich immer gewünscht hatten und nie bekommen konnten. Für Isaac wünschte ich mir ein Leben voller Liebe – nicht Kummer. Ich wollte meinem Kind alles schenken, was es sich je wünschen würde, selbst wenn die Bedingung war, dass ich es nicht selbst großziehen konnte.

Innerhalb dieser neun Monate wurde aus dem widerspenstigen, durchgeknallten »pubertierenden Teenager« eine Person, die weiß, wer sie ist. Ich mag das Leben und habe ein Herz voller Liebe. Ich weiß, wie wichtig es ist, gute Menschen und echte Freunde im Leben zu haben. Ich habe Selbstvertrauen gelernt und das ist für mich das Wertvollste, was ich je gelernt habe. Die Beziehung zu meinen Eltern hat sich grundlegend verändert. Wir haben nicht immer dieselbe Meinung, aber wir achten uns gegenseitig.

Jetzt sind meine Teenagerjahre fast vorbei, ich studiere an der Universität *Vanguard* und jobbe in einer Apotheke. Ich gehe noch immer zu Rockkonzerten und bleibe abends lang auf, ich mache viele Dinge, die mir Spaß machen. Diese Möglichkeiten hätte ich nie gehabt, wenn ich mich anders entschieden und Isaac behalten hätte. Alle paar Monate schicken Joe und Christine mir Bilder und ich telefoniere regelmäßig mit ihnen.

Die Liste mit den Eigenschaften, die ich bei meiner Suche nach einer besonderen Familie anfertigte, klebt innen in meinem Tagebuch. Ich lese sie manchmal durch und bete, dass ich eines Tages Mutter werden darf – wenn die Zeit reif ist – und dass ich eine gute, rechtschaffene Frau sein darf, auf die mein Sohn oder meine Tochter stolz sein können.

Leah C. Koop

IN GOTTES SPUR UNTERWEGS

Bleibt im Schutz der Liebe Gottes und
wartet geduldig darauf, dass Jesus Christus,
unser Herr, wiederkommt und euch in seinem
Erbarmen das ewige Leben schenkt.

Judas 1,21

Es war mitten in der elften Klasse und ich war neu in der Schule. Wie immer saß ich in der gefürchteten Mittagspause allein da und sah zu, wie Philip mit seinen merkwürdigen Humpelschritten zu einer Gruppe Klassenkameraden ging.

Sie lächelten und sagten: »Na, Philip, wie geht's?«

Bei seiner Antwort kamen die Worte nur sehr langsam. Doch sie warteten nicht, hörten ihm nicht zu. Als ob sie dringend irgendwo hin müssten, machten sie sich aus dem Staub. »Ciao, Philip!«

Vor seinem Unfall war er ein super Sportler gewesen, der viel bei Wettkämpfen mitgemacht hatte. Fußball, Leichtathletik, Ringen – überall war Philip der Star. Nach dem Autounfall konnte er seinen Arm nicht mehr bewegen, außer wenn er ihn mit seinem anderen Arm hob. Sein steifes rechtes Bein war geschient, doch mit zwei Krücken konnte er laufen.

Meine einzige Gemeinsamkeit mit Philip war, dass auch mit mir keiner zusammen sein wollte. In der Mittagspause setzte er sich meistens neben mich. Beim Sprechen zitterte seine Stimme und ich wusste, dass ihn jedes Wort anstrengte. Da es ihm nicht leicht fiel, verschwendete er keine Worte. Er formulierte seine Gedanken fast wie ein

Dichter. Zum Beispiel sagte er: »Sogar die Sterne wissen, dass wir hier sind.«

Nun fand ich die Mittagspause nicht mehr so schrecklich. Philips Gesellschaft gefiel mir.

Doch eines Nachmittags änderte sich alles. Ich war in der Mädchentoilette, als ein Mädchen zu reden anfing und nicht wusste, dass ich mich hinter einer der Türen befand.

»Sieht ja so aus, als hätte Philip eine Freundin. Habt ihr das Kleid gesehen? Hat früher mir gehört. Letztes Jahr hab ich es in die Altkleidersammlung getan.«

Eine andere Stimme antwortete: »Früher hätte Philip sich nie und nimmer mit ihr abgegeben, aber jetzt ist er halt hirngeschädigt. Wie gut für die beiden, dass sie sich gefunden haben.«

Noch eine andere Stimme sagte: »Glaubt ihr, dass sie … na, ihr wisst schon.« Sie kicherten.

Am nächsten Tag machten Philip und ich in der Pause zusammen Hausaufgaben und ich sah ein paar Mädels in unsere Richtung linsen. Mir war das alles so peinlich, dass ich Philip von da an aus dem Weg ging und die Mittagspause in der Bibliothek verbrachte.

Ich beschloss auch, nicht mehr mit dem Schulbus heimzufahren. Morgens war es schlimm genug, aber nachmittags war es furchtbar. Wenn ich in den Bus stieg und mich hinsetzen wollte, legte immer jemand seine Hand auf den Sitz und sagte: »Schon besetzt.« Darum lief ich nun jeden Tag nach Hause. Meine Tante Hanna schimpfte fürchterlich, aber ihre Wut war leichter zu ertragen als die Busfahrt.

Ich brauchte zu Fuß ungefähr eine Stunde für den Heimweg. Meistens war Tante Hanna gar nicht zu Hause. Aber eines Nachmittags war sie da.

Als ich den Vorgarten betrat und weit und breit kein Bus zu sehen war, packte sie mich an den Schultern und schimpfte: »Ich hab dir gesagt, du sollst mit dem Bus fahren. Was hast du gemacht? Warst du etwa bei einem Jungen? Wer bist du eigentlich? Eine Landstreicherin? Wenn ich mich nicht um dich kümmern würde, wärst du bei Pflegeeltern. Und das ist wohl dein Dank!«

An dem Abend war ich so böse auf Tante Hanna, dass ich nicht schlafen konnte. Mir ging ein Film durch den Kopf, den ich vor Kurzem gesehen hatte, wo die Leute während der Wirtschaftskrise auf Güterzüge aufgesprungen waren, um zur Obsternte nach Kalifornien zu fahren. Beim Gedanken, all die schrecklichen Mädels und Tante Hanna nie wiedersehen zu müssen, sprang ich aus dem Bett. Ich suchte eine Schere, und als ich eine gefunden hatte, hielt ich sie genau unter mein rechtes Ohr. Schnipp! Eine Haarsträhne fiel herab. Bevor ich mich versah, lag ein großer Teil meiner Haare auf dem Boden. *Gut*, dachte ich. *Jetzt passe ich nicht mehr auf die Beschreibung von Tante Hanna, wenn sie merkt, dass ich weg bin.*

Ich schlich mich in die Küche, nahm mir ein paar Konserven mit Lebensmitteln und tat sie zusammen mit ein paar Klamotten zum Wechseln in meinen Reiserucksack. Dann öffnete ich das Fenster, schwang mich aufs Fensterbrett und sprang auf die Straße. Ich rannte sehr schnell, so wie Rauch, der sich aus einem schwelenden Feuer befreit hat.

Plötzlich donnerte es. Erste Regentropfen fielen. Als ich das Industriegebiet erreicht hatte und die Eisenbahnschienen sah, wie sie die gelbe Straßenbeleuchtung reflektierten, war ich durchnässt bis auf die Haut. Erschöpft sank ich auf dem Bahnsteig im Schutz des Wartehäuschens zu

Boden. Meine ganze Aufregung und die Abenteuervisionen waren fortgeschwemmt. Ich fühlte mich leer und verzweifelt. So einsam war ich noch nie gewesen. Selbstmitleid überkam mich so plötzlich, wie der Regen aufhörte. In der Überzeugung, dass niemand in Hörweite war, schrie ich in die Nacht hinein, fluchte und weinte.

Auf einmal hörte ich jemanden husten. Mit klopfendem Herzen sprang ich auf. Im Türrahmen des Bahnhofseingangs stand jemand.

»Guten Abend«, sagte ich mit möglichst tiefer Stimme, um wie ein Junge zu klingen.

Er antwortete nicht. Vielmehr hielt er beide Hände an den Mund und begann auf einer Mundharmonika zu spielen. Nie werde ich ihren Klang vergessen: diese kraftvolle, traurige Schönheit. Beinahe ehrfürchtig ging ich auf ihn zu. Er spielte weiter.

Dann hörte er auf. »Ich habe meinen Jungen verloren. In meinen Armen gestorben. Zu kalt im Güterwaggon. Eiskalt. Mein Junge hatte Lungenentzündung. Obdachlose Jungs ohne Versicherung dürfen nicht ins Krankenhaus. In meinen Armen gestorben. Mein Junge ist in meinen Armen gestorben.«

Es war traurig zu hören, wie er von seinem Sohn erzählte. Erst vor Kurzem hatte ich in der Zeitung die Geschichte einer Frau gelesen, die mit dem Auto eine Brücke heruntergestürzt war. Das Auto war langsam untergegangen und sie war oben draufgeklettert. Sie hatte zu den Leuten auf der Brücke um Hilfe geschrien, doch das Auto war untergegangen. Niemand hatte versucht, sie zu retten.

Genau wie ich, ging es mir durch den Kopf. Ich schämte mich, wenn die Leute über mich und Philip lästerten und keiner aufstand, um mir zu helfen und mich zu verteidigen. Ich mied die Gesellschaft eines Menschen, den ich wirklich mochte, nur weil sich niemand um Philip oder mich kümmerte und uns vor den Quälereien gefühlloser Schülerinnen rettete.

Ich weiß nicht, wie lange ich auf dem Bahnsteig stand. Doch als ich wieder nach Hause ging, begann gerade die Sonne aufzugehen. Alles hatte sich verändert, nur wusste ich es noch nicht. Ich habe mal gehört, dass sich alles verändert, wenn man seinen eigenen Blickwinkel nur ein kleines bisschen verschiebt. Genau das passierte bei mir; ich begann, die Dinge anders zu sehen.

Als ich in unsere Straße einbog, sah ich Tante Hanna vor der Eingangstür stehen. Sie verließ sonst nie das Haus, ohne sich ordentlich anzuziehen, zu schminken und so weiter. Aber jetzt stand sie draußen im Bademantel, die Haare ganz zerzaust. Ich wusste, dass sie geweint hatte. Ich kam zur Tür. Und obwohl sie mich anschrie und mir eine Szene machte, konnte ich durch ihre Worte hindurch in ihr Herz blicken. Zum ersten Mal erkannte ich, dass sie mich schimpfte, weil sie mich lieb hatte.

Am nächsten Tag setzte ich mich in der Schule neben Philip. Als er meine Haare sah, musste er lachen. Ich erzählte ihm, dass ich sie abgeschnitten hatte, um wegzulaufen, und ich erzählte ihm, was am Bahnhof passiert war.

»Weißt du, Philip, kurz bevor ich mich auf den Heimweg machte, sagte der Mann: ›Merk dir diese eine Sache: Ein Zug fährt nach Osten und ein Zug fährt nach Westen, aber sie fahren alle auf denselben Schienen, in derselben Spur. Menschen sind wie Züge. Sie fahren alle in derselben Spur.‹ Was glaubst du, was er damit gemeint hat?«

»Vielleicht«, sagte Philip, »vielleicht denkt man, man

wäre allein. Aber egal, wie man aussieht, egal, was man glaubt, ob man reich oder arm ist, jeder fährt in derselben Spur und diese Spur ist Gottes Liebe.«

Ich hatte geahnt, dass Philip Bescheid wusste.

Patricia Hathaway Breed

DER EINZIG WAHRE FRIEDENSSTIFTER

Dann wird der Frieden Gottes, der alles menschliche Begreifen weit übersteigt, euer Denken und Wollen im Guten bewahren, geborgen in der Gemeinschaft mit Jesus Christus.

Philipper 4,7

Ein unbestimmtes Angstgefühl überkam mich, automatisch fasste ich meine Freundin am nassen Ärmel und zog sie zum Haus.

»Tara, komm mit zur Tür«, drängte ich. Es war fast, als würde Gott mich warnen: *Du, Adrianne, geh vielleicht lieber aus der Schusslinie.*

Tara und ich waren draußen und spielten ein bisschen im warmen Regen eines tropischen Sommergewitters, als ich ihren Exfreund Ray aus seiner Haustür kommen sah, in seiner Hand ein Gegenstand, der in ein Handtuch gewickelt war.

Meine Reaktion auf die Warnung eines Freundes von Ray, der vor ungefähr einer halben Stunde angerufen hatte, war nur ein Achselzucken gewesen. »Ray sucht gerade eine Pistole. Er ist total wütend und ich befürchte, dass er etwas Böses vorhat«, so hatte mich der Freund gewarnt.

»Was soll er schon machen? Mich erschießen? *Also bitte!*«

Mit meinen 13 Jahren war ich überzeugt, dass Ray uns niemals absichtlich würde verletzen wollen. Er wohnte in unserer Straße und ich hatte ihn schon lange gekannt, bevor er mit Tara zusammenkam. Sie war 15, er war 20.

Es war nicht immer einfach, sein Freund zu sein. Außer

zu den Leuten in unserem Viertel hatte Ray hauptsächlich Kontakt zu Gangmitgliedern. Sein bisheriges Leben war schwer gewesen. Mit sieben Jahren hatte Ray mitansehen müssen, wie sein Vater getötet wurde, und seitdem erfuhr er weder von seiner Mutter noch von seinen Geschwistern Liebe. Ich glaube, das verstärkte seine Gewalt.

Ab und zu nahm ich ihn mit in die Gemeinde – ihn und viele andere aus dem Viertel, die keine Gemeinde und keine Beziehung zu Gott hatten. Tara kam ziemlich oft mit. Sie war auch an dem Tag dabei, als ich Gott offiziell mein Leben anvertraute.

Jetzt hatte Tara also mit Ray Schluss gemacht und die ganze Sache hatte ihn sehr verletzt. Vermutlich glaubte er, dass ich ihn auch hängen lassen würde, weil Tara meine Freundin war. Das Gefühl, von Tara abgewiesen zu werden und in diesem Zusammenhang auch noch meine Freundschaft zu verlieren, war mehr, als er verkraften konnte.

Als wir gerade die Stufen zur Tür erreicht hatten, spürte ich, wie mir eine Art Luftdruck durch den Rücken fuhr. In diesem Moment wichen Energie und Lebensmut von mir und ich sollte nie wieder so sein wie früher; ich sollte meine Unschuld nie mehr zurückbekommen.

»Mama, Hilfe!«, schrie ich. »Ray hat mich angeschossen!«

Gott sei Dank war meine Mutter zu Hause und auch mein großer Bruder Jeremy. Eigentlich hätte er in der Uni sein müssen, aber der Professor hatte an dem Tag früher Schluss gemacht. Ich weiß nicht, was ich ohne die beiden getan hätte. Meine Mutter hörte mich rufen, rannte heraus und holte Tara und mich ins Haus.

Ich lag im Wohnzimmer auf dem Boden, als Ray plötzlich die Haustür öffnete. Zum Glück kam Jeremy gerade rechtzeitig aus seinem Zimmer, um mit ganzem Gewicht gegen die Tür zu drücken und sie abzuschließen.

Ray ließ sich aber nicht aufhalten. Er kam durch die Hintertür – Jeremy dachte, er hätte sie abgeschlossen, hatte es aber nicht getan.

Meine Mutter war gerade in der Küche und wollte die Polizei rufen. Vielleicht wollte er ihren Anruf verhindern, vielleicht stand sie ihm einfach im Weg, jedenfalls schoss Ray auf meine Mutter los und traf sie am Handgelenk, am Arm und zweimal in der Brust. Im nächsten Augenblick hatte Ray sich über meiner Mutter aufgebaut, die Pistole auf ihren Kopf gerichtet, und sie fragte Gott, ob sie überleben würde. Plötzlich spürte sie, wie ein Friede in ihr aufstieg. Sie bekam wieder so viel Mut, dass sie die Pistole zum Türrahmen drehen und aufstehen konnte.

Genau in dem Moment kam Jeremy herein und nun versuchten beide, Ray die Pistole abzuringen. Doch Ray behielt die Oberhand, steckte sich die Pistole in den Mund und behauptete, er werde sich umbringen.

Im Grunde dachte meine Mutter in dem Augenblick, Ray solle ruhig abdrücken – um alle, auch sich selbst, von diesem Schmerz und diesem Trauma zu befreien. Aber stattdessen brach es aus ihr heraus: »Ray, wenn du dich umbringst, kriegst du keine Vergebung und kommst in die Hölle.«

Es war unglaublich: Das drang zu ihm durch und er ließ die Pistole sinken.

Die Polizei traf schließlich ein, als sich die Lage beruhigt hatte, und sie brachten Ray ins Gefängnis. Mama und ich kamen ins Krankenhaus.

Der Schuss war nur wenige Zentimeter an meiner Wirbelsäule vorbeigegangen, ich war vor einer Lähmung bewahrt geblieben. Meine Mutter und ich überlebten den Angriff ohne größere Schäden. Tara und Jeremy kamen zum Glück ohne Schusswunden davon.

Als es mir körperlich wieder besser ging, nahm ich an, dass mit der Genesung alles wieder gut werden würde, aber stattdessen wurde es schwieriger. Rays Angriff zu überleben war meine erste Hürde; die nächste kam völlig unerwartet und war ein totaler Schock. Ray war zwar im Gefängnis, aber das hielt Tara nicht davon ab, wieder Kontakt zu ihm aufzunehmen. Sie kam übers Telefon wieder mit ihm zusammen und das nächste Ereignis stürzte mich in einen Teufelskreis aus Depression und Verwirrung.

Eines Nachmittags wollte ich Tara anrufen und dabei fand ich heraus, dass ihr Telefon für Anrufe von meinem Telefon gesperrt war. Mein ganzes Vertrauen verschwand mit einem Schlag. Wie konnte meine Freundin, mit der ich einen lebensbedrohlichen Angriff überlebt hatte, mit unserem Angreifer Freundschaft schließen und mich hintergehen? Gelinde gesagt, meine Unschuld war zerstört und mein Vertrauen in andere Menschen war wie von jenem damaligen Sommergewitter weggeblasen.

In den drei folgenden Jahren zeigte sich, wie tiefgreifend dieses Trauma mein Leben veränderte. Nach dem Angriff hatte ich sechs Monate lang Alpträume. Ständig kämpfte ich mit Wut- und Hassgefühlen. Rasch war klar, dass sich auch meine Persönlichkeit verändert hatte. Früher war ich immer am liebsten draußen gewesen und hatte fast meine ganze freie Zeit dort verbracht. Doch jetzt ging ich nur noch an die frische Luft, wenn ich von einem Ort an den anderen kommen wollte. Außerdem hatte ich Angst vorm Dunkeln – vor dem Unbekannten. Ein ganzes Jahr lang musste Jeremy bei mir mit im Zimmer übernachten.

Ich vertraute den Männern nicht mehr. Und wenn ich auch noch zu jung war, um einen Freund zu haben, verliebte ich mich erst gar nicht und spielte nie mit dem Gedanken, mich zu befreunden. Zwar konnte ich mich leicht mit Leuten anfreunden, weil ich schon immer kontaktfreudig war. Doch waren alle Freundschaften rein oberflächlich. Wenigstens eine echte Freundin hätte Wunder gewirkt und mir in den besonders schweren Zeiten sehr geholfen.

Nach den Ereignissen dieses einen Sommertages konnte ich das schreckliche Gefühl des Verrats und des Verlassenseins nicht mehr loswerden. Ich zog mich oft in die Einsamkeit zurück und hatte schlicht den Glauben an die Menschen verloren. Dennoch verlor ich nie den Glauben an Gott – ich blieb in Verbindung mit ihm und ging weiterhin in meine Jugendgruppe.

Eines Abends lag ich bei einem solchen Treffen auf dem Boden und dachte darüber nach, wie einsam und abgeschieden ich mich jetzt schon so lange Zeit fühlte. Da sagte mein Herz zu meinem Kopf, dass es diese Gefühle nicht mehr länger an einen tiefen, dunklen Ort schieben konnte. Langsam erkannte ich, dass Gott mich aus diesem traurigen Zustand befreien und mir neue Möglichkeiten zeigen konnte, den Menschen wieder Vertrauen und Freundschaft entgegenzubringen. Mein nächster Gedanke war, dass Gott zu mir sprach und sagte, ich solle ihn einfach um Hilfe bitten. Ich war so sehr am Ende, wollte diese Last so gerne loswerden, dass ich schlicht antwortete: *O.K., Gott, hilf mir.*

Auf einmal begann ich zu weinen. Der Schmerz der letzten drei Jahre brach aus mir hervor und zur gleichen Zeit spürte ich einen wirklichen Frieden. Dass jedoch eine tiefe Veränderung in mir geschehen war, merkte ich erst am nächsten Tag.

Ein Freund unserer Familie kam vorbei, um meiner Mutter ein paar Pflanzen vorbeizubringen. Es war ein sehr heißer Nachmittag, und als er dort an unserer Haustür stand, bat ich ihn auf ein kühles Getränk herein. Er bemerkte sofort, dass in mir eine große Veränderung passiert war. Da er mich all die Jahre erlebt hatte, hatte auch er oft meine »kalte Schulter« aushalten müssen, die ich allen Männern gezeigt hatte. Niemals hätte ich ihn ins Haus gebeten, wenn ich mich nicht grundlegend verändert hätte.

In diesem Augenblick erkannte ich, dass Gott dabei war, mich zu heilen, und dass ich mich im Vergleich zum Vortag schon verändert hatte. Ich entdeckte, dass ich gegenüber Ray und Tara nicht mehr gekränkt oder böse war. Die ganze Zeit hatte ich Gott eine Teilverantwortung dafür zugeschoben, dass diese schlimme Sache passiert war. Doch als ich ihn um Hilfe bat, spürte ich seine Worte: *Ich habe meine Hand nie von dir weggenommen. Es ist noch alles gut.*

Ich wusste, dass ich endlich wieder mehr Vertrauen haben und fröhlich sein konnte, so wie ich früher gewesen war. Das Gewitter war endlich vorbei. Ich konnte mich mit meiner Vergangenheit aussöhnen.

Nach all diesen Kämpfen weiß ich jetzt, dass nur Gott Frieden schenken kann, dass er der einzig wahre Friedensstifter ist. Aus eigener Erfahrung weiß ich, was seine Liebe und seine Barmherzigkeit bewirken können.

Adrianne Webster

LIEBLICHER KLANG –
HOW SWEET THE SOUND

Der Herr richte euer ganzes Denken und Wollen darauf,
dass ihr Gott liebt ...

2. Thessalonicher 3,5

Ich hätte die Hauptrolle bekommen sollen. Da war ich mir mit all meinen Freunden einig.

Jedenfalls sollte sie auf keinen Fall Tiffany bekommen, das seltsame neue Mädchen. Sie sagte nie einen Ton und schaute immer nach unten auf ihre Füße, als ob das Leben ihr eine zu schwere Last sei. Was hatte sie eigentlich? Wir hatten ihr nie etwas getan. Wir vermuteten, sie sei einfach arrogant, denn bei den tollen Klamotten, die sie anhatte, konnte es ihr so schlecht nicht gehen. Ich wette, sie hatte in den zwei Monaten, seit sie auf unserer Schule war, keine Klamotte öfter als zwei Mal an.

Das Schlimmste war, als sie zur Theaterprobe kam und für meine Rolle Probe sang. Jeder wusste, dass die Hauptrolle für mich gedacht war. Immerhin hatte ich bei allen Schulmusicals große Rollen gesungen und dies war unser Abschlussjahr.

Meine Freunde warteten schon auf mich und darum machte ich mir nicht den Stress, zu Tiffanys Probesingen zu bleiben. Der Schock kam zwei Tage später, als wir kurz zum Schwarzen Brett der Theatergruppe liefen, um die Rollenverteilung zu erfahren. Wir überflogen den Aushang auf der Suche nach meinem Namen. Als wir ihn fanden, brach ich in Tränen aus. Tiffany hatte die Hauptrolle bekommen! Ich war als ihre Mutter und ihre Zweitbesetzung vorgesehen. *Zweitbesetzung?* Wir konnten es nicht fassen.

Die Proben nahmen kein Ende. Tiffany schien gar nicht zu merken, welche Mühe wir uns gaben, sie zu ignorieren.

Ich gebe zu: Tiffany hatte eine wunderschöne Stimme. Ich merkte auch, dass sie auf der Bühne irgendwie anders war. Zwar nicht fröhlich, aber doch innerlich ruhig und zufrieden.

Bei der Erstaufführung hatten wir alle Lampenfieber. Alle wuselten leise hinter der Bühne hin und her und warteten darauf, dass der Vorhang aufging – natürlich alle außer Tiffany. Es schien, als sei sie in ihrer eigenen ruhigen Welt eingeschlossen.

Die Aufführung war ein Riesenerfolg. Niemand verpasste seinen Einsatz, die Stimmen verschmolzen miteinander und jubilierten. Tiffany und ich schwebten über die Bühne und sponnen gemeinsam die Geschichte. Ich war die kranke Mutter, die für ihre widerspenstige Tochter betete, und Tiffany spielte die Tochter, die über dem Sterben ihrer Mutter erkennt, dass das Leben nicht nur aus *diesem* Leben besteht.

Die Schlussszene erreichte ihr dramatisches Ende. Ich lag im dunklen Schlafzimmer. Das Bühnenbett, auf dem ich lag, war unbequem und ich konnte kaum noch stillhalten. Ich war ungeduldig und sehnte das Ende der großen letzten Szene von Tiffany herbei.

Sie stand auf der oberen Bühne im Scheinwerferlicht, die trauernde Tochter, die allmählich die wahre Bedeutung des Liedes erfasst, das sie ihrer Mutter beim Sterben gesungen hatte.

»Amazing grace, how sweet the sound – Wunderbare Gnade, welch lieblicher Klang …« Ihre Stimme erhob sich höher als der Schmerz über den Tod ihrer Mutter und die Freude über Gottes Versprechen.

»... that saved a wretch like me – einen Sünder wie mich hat sie gerettet ...« Während Tiffany sang, geschah in mir etwas Tiefgreifendes. Meine Ungeduld begann zu verschwinden.

»... I once was lost but now I'm found – ich war verloren und bin nun gefunden ...« Plötzlich war mein Herz so angerührt, dass mir die Tränen kamen.

»... was blind but now I see – ich war blind, doch nun sehe ich.« In mir regte sich mein Geist und ich wandte mich Gott zu. Es war, als spürte ich in jenem Augenblick zum ersten Mal seine Liebe, seine Sehnsucht nach mir.

Tiffanys Stimme verweilte im Gebet des letzten Tons. Der Vorhang fiel. Absolute Stille. Nicht ein Mucks war zu hören.

Tiffany stand hinter dem geschlossenen Vorhang, hielt den Kopf gesenkt und weinte leise. Auf einmal brandete Applaus auf, man hörte Rufe, und als der Vorhang wieder aufging, bekam Tiffany Standing Ovations.

Nachdem wir uns alle verbeugt hatten, drehte ich mich zu Tiffany um und umarmte sie herzlich. Alle anderen verzogen sich in ihre normalen Grüppchen und gratulierten sich gegenseitig – alle außer Tiffany und mir.

»Tiffany, dein Lied – das ist mir so unter die Haut gegangen.« Ich zögerte, meine Gefühle waren sehr stark. »Du hast mich in das Herz Gottes hineingesungen.«

Tiffany hielt den Atem an. Unsere Blicke trafen sich. »Das hat meine Mutter in der Nacht zu mir gesagt, als sie starb.« Eine Träne lief über ihre Wange. »Sie hatte riesige Schmerzen, aber jedes Mal, wenn ich *Amazing Grace* sang, fühlte sie sich getröstet. Sie hat gesagt, ich darf nie vergessen, dass Gott mir Gutes versprochen hat und dass sein Erbarmen sie nach Hause führt.«

Allmählich begriff ich, warum Tiffany immer so traurig wirkte – und so still.

Jetzt leuchtete ihr Gesicht von innen her, man konnte die Liebe ihrer Mutter sehen. »In der Nacht, als sie starb, hat sie mir zugeflüstert: ›Sing mich in das Herz Gottes, Tiffany.‹ In jener Nacht habe ich für sie gesungen und heute Abend habe ich wieder für sie gesungen.«

Cynthia M. Hamond, OFS

FEUER FÜR DEN GLAUBEN

Verurteilt nicht andere, damit Gott nicht euch verurteilt!
Denn euer Urteil wird auf euch zurückfallen,
und ihr werdet mit demselben Maß gemessen werden,
das ihr bei anderen anlegt.

Matthäus 7,1–2

Ich konzentrierte mich auf den Gipfel und stieg bergauf.
Da es eine Freizeit von einer Woche war, bedeutete das
echte Arbeit. Mir taten die Beine weh und mein Rucksack war so schwer, als hätte jemand in der Nacht heim-
lich Steine hineingetan. Ich versuchte, den majestätischen
Blick auf die umliegenden Berge aufzufangen, aber durch
die Höhenluft verschwamm mir das Bild vor den Augen
und so konzentrierte ich mich lieber darauf, nicht den Ab-
hang hinunterzustürzen.

Meine Gruppe war mal wieder außer Sichtweite, fast alles wilde Footballspieler. Bisher war die Reise ein einziger
Reinfall. Wir waren den zweiten Tag auf der Bergtour
und es war deutlich, dass die Jungs nur zum Training mit-
gefahren waren und nicht wegen der spirituellen Erfahrung, auf die ich hoffte. Es war furchtbar, jedes Mal ihre
Blicke zu spüren, wenn ich mit der Nachhut eintraf, als
wäre ich für sie nur ein lästiges Anhängsel. Wenn wir in
den Bergen sein sollten, um Beziehungen zu vertiefen, na
dann gute Nacht. Selbst wenn wir abends am Lagerfeuer
nur zehn Zentimeter auseinander saßen, trennten uns innerlich trotzdem Tausende Kilometer.

Jedes Jahr fuhr ich wegen der guten Erfahrung wieder mit in diese Berge – um der Natur und Freunden

nahezukommen und um mein Feuer für den Glauben wieder anzuzünden, das meist übers Jahr sehr klein geworden war. Jedes Jahr bestieg ich den Bus in großer Vorfreude darauf, einen 15-Kilo-Rucksack zu schleppen und unterm Sternenhimmel zu schlafen. Ich sehnte mich nach dieser Möglichkeit, in Gottes unberührte Schöpfung einzutauchen.

Doch auf keiner anderen Freizeit waren mir die 15 Kilo so schwer geworden. Der Schwerpunkt lag nicht mehr darauf, den Weg auszukosten, sondern man hetzte zum Ziel. Wahrscheinlich hätten die Jungs gar keinen Unterschied gemerkt, wenn wir die ganze Zeit über Supermarktparkplätze gelaufen wären. Unter dem Grunzen und Rülpsen der unreifen Freizeitteilnehmer war Gott auf der Strecke geblieben.

Ich schnaufte mich bis zu einem halbverdeckten Felsstück empor, stützte meinen Rucksack darauf ab und blickte den Hang hinunter. Weiter unten sah ich Abbey, wie sie sich die Steigung hochkämpfte. Während ich ihr zusah, nahm ich ein paar Schlucke Wasser und versuchte, neue Motivation zu gewinnen, um es bis zum Gipfel zu schaffen, wo bereits der Rest der Gruppe war.

Plötzlich sank Abbey in die Knie. Ich schnallte meinen Rucksack ab und eilte halb laufend, halb rollend zu ihr den Berg hinunter.

Unten hörte ich sie keuchen und husten. Ich nahm ihr den Rucksack ab und klemmte ihn zwischen zwei Felsen. Sie drehte sich auf den Rücken und starrte hinauf in den stahlblauen Himmel über den *Rocky Mountains*.

»Abbey!«, schrie ich. »Sag was!«

Sie sah mich an und rang nach Luft. »Asthma ... -anfall ...«

Ich rief den Hang hinunter nach dem Gruppenleiter, der noch viel weiter unten war. Ich versuchte zu sprechen, aber aus meinem Mund kamen nur Wortfetzen.

»John, Hilfe! Abbey! Asthma!«

Er lief den Hang hinauf, als wäre es nur ein Waldspaziergang. Er stellte sein Gepäck neben uns ab und untersuchte Abbey genau.

»Abbey, hast du irgendwann schon mal einen Asthmaanfall gehabt?«, fragte er. Sie schüttelte schwach den Kopf und ihr Brustkorb bebte im Kampf um jeden Atemzug. Er drehte sich zu mir um.

»Das wird schon wieder«, versicherte er. »Geh du bis zum Gipfel hoch – es ist nicht mehr weit. Die anderen müssten dort warten. Dann schick bitte Chuck zu mir.«

Ich nickte schwach und versuchte den Hang hinauf bis zu meinem Rucksack zu rennen. Beim Aufschnallen sah ich, dass John Abbey half sich aufzusetzen und mit ihr redete. Ich drehte mich zum Gipfel und marschierte los. Mein Atem ging schnell, aber ich wusste, dass ich mir nicht den Luxus einer Pause erlauben durfte. Ich lenkte mich ab, indem ich die Schritte zählte, Lieder aus der Jugendgruppe sang und an alle Gespräche zurückdachte, die ich mit Abbey auf der zweitägigen Busfahrt von Ohio hierher geführt hatte. Als die Jungs in Sichtweite kamen, versuchte ich noch einen Schritt zuzulegen, aber meine Beine waren schon ganz taub und schienen kaum noch vorwärtszukommen.

Ich kam näher und wusste, dass den Jungs alles egal war, was nicht mit Essen oder Muskelaufbau zu tun hatte, und so versuchte ich bei der Suche nach Chuck ihre Blicke zu ignorieren. Er war ungefähr einen Kopf kleiner als alle anderen, aber er war als Bergführer unglaublich fit und hielt ohne Probleme mit den großen Sportlern mit. Ich ließ meinen Rucksack neben die anderen fallen und blickte in Chucks freundliches Gesicht, doch wieder kamen in dieser Höhe nur Fetzen aus meinem Mund, als ich versuchte mich zusammenzureißen und zu sprechen.

»John, Abbey, Asthmaanfall.«

Mehr brauchte Chuck nicht; er gab uns kurz Anweisung, an dem Ort zu bleiben, aber seine Worte verwehten im Wind, und schon war er hinter der Kuppe verschwunden.

Ich sank auf dem Fels nieder, auf dem vorher Chuck gesessen hatte, legte mich hin und zog die Beine fest an den Körper, um mich vor dem starken Wind zu schützen. Dann spürte ich, wie mir jemand auf die Schulter tippte.

»Du, Emily!« Ich öffnete die Augen und sah, wie Matt mich eindringlich anschaute. »Geht's ihr gut?«

Ich war wie vom Donner gerührt. Hörte ich wirklich zusammenhängende, sinnvolle Worte aus dem Mund dieses Typen? Sorgte er sich tatsächlich um das Befinden eines anderen Menschen, ohne selbst etwas davon zu haben? Ich sah mich um und erkannte den gleichen Gesichtsausdruck auf den Gesichtern der anderen Jungs. Dann schaute ich wieder zu Matt; sie waren wirklich besorgt.

»Ähm, ja, ich glaube, es geht ihr bestimmt bald wieder gut«, stammelte ich. Das beruhigte sie jedoch nur ansatzweise. War das alles Einbildung? Ehrlich gesagt bezweifelte ich, dass sie es ernst meinten. Ich überzeugte mich mit dem Gedanken, dass sie nur deshalb besorgt waren, weil das Warten auf Abbey ihr Wandertempo verlangsamte. Diese Jungs kümmerten sich nur um sich selbst; Abbey und ich waren ihnen egal.

Plötzlich stand Jimmy auf. »Da ist Chuck!«, rief er und

zeigte auf die Kuppe, hinter der Chuck zum Vorschein kam. Er war allein, trug jedoch etwas. Wir sahen alle zu, wie er Abbeys 15-Kilo-Rucksack mit Schwung auf dem Boden absetzte, als sei er leer.

Die Jungs sahen sich an und standen alle auf. Ich sah, wie sie sich um den Rucksack herumstellten. *Was machen sie bloß?*, fragte ich mich.

BJ nahm ihre fünf eigenen Rucksäcke und schleppte sie hinüber. Ich hörte Reißverschlüsse auf- und zugehen, sie arbeiteten. Manchmal trug der Wind Gesprächsfetzen zu mir herüber: »Das passt noch bei mir rein, Sam!«, oder »Mein Rucksack ist voll; gib mir was zum außen Dranbinden.«

Langsam dämmerte es mir: Sie wollten Abbey Gewicht abnehmen. Sie wollten ihr die Wanderung erleichtern und darum teilten sie ohne Anweisung oder Bitte ihre Last unter sich auf. Ich sah zu Chuck hinüber, der über ihre gute Tat lächelte.

Donald drehte sich zu mir um, während die anderen noch arbeiteten. Er blickte auf meinen Rucksack und sagte leise: »Na, Emily, du hattest dort auch ganz schön schwer zu schleppen«, er machte eine Handbewegung zum unteren Hang, »und ich habe noch Platz in meinem Rucksack. Wenn du magst, nehme ich dir etwas ab.«

Ich seufzte, lächelte ihn an und sagte: »Ja, sehr gerne.« Ich öffnete meinen Rucksack, gab ihm ein paar Sachen und malte mir aus, wie viel einfacher der restliche Weg sein würde. Dann ging er wieder zu den Jungs, die mit Abbeys Rucksack fast fertig waren. Sie hatten nur eine kleine Seitentasche voll gelassen, der Rest war leer.

Die Jungs traten wieder von Abbeys Rucksack zurück und nun sahen wir zu, wie John langsam mit Abbey über die Kuppe schritt. Sie war sehr blass und schaute die strahlenden Jungs und ihren leeren Rucksack argwöhnisch an. John half ihr, sich neben mich auf den Felsen zu setzen.

Sie sah mich fragend an und ich lächelte zurück. »Die Jungs tragen dein Gepäck«, erklärte ich.

Als Abbey sie ansah, wurden sie rot. Sam kam ein Stück näher. »Wir dachten, das könnte eine Hilfe sein, weil es dir nicht so gut geht. Deine persönlichen Sachen haben wir drin gelassen; deine Zahnbürste und so ...« Seine Stimme versagte, er lächelte schüchtern.

Abbey lächelte zurück. »Danke, das ist super.«

Die Gruppe machte noch eine längere Pause und ich konnte nun endlich die Wunder um mich herum bestaunen: nicht nur den überwältigenden Blick, sondern auch die wunderbaren Leute. Das waren nicht die Jungs, die ich aus der Schule kannte, und es waren auch nicht die Jungs, mit denen die Wanderung angefangen hatte.

Es hatte sich etwas verändert.

Als wir unsere Rucksäcke wieder aufsetzten, war der Himmel ein bisschen blauer, die Luft ein bisschen frischer und ich konnte ohne Probleme die Landschaft statt nur den Boden betrachten. Wir näherten uns dem felsigen Kammweg, der unsere nächste Herausforderung darstellte, aber ich hatte keine Angst mehr davor. Anstatt die Nachhut zu bilden, liefen Abbey und ich jetzt mitten zwischen den großen Footballspielern, die gar nicht mehr so groß, gar nicht mehr so unerreichbar schienen. Die Einstellung der gesamten Gruppe hatte sich verbessert. Wir waren nicht mehr so kaputt, nicht mehr so ängstlich, nicht mehr ein Haufen Individuen, sondern eine echte Gruppe, wie es keiner für möglich gehalten hätte. Eine

Zeitlang lief Chuck neben mir und beobachtete unsere neue Einstellung.

»Auf dem Berg rührt Gott jeden an«, sagte er. »Ich glaube, sogar diese Jungs haben ein Herz.«

Er grinste und mir fiel auf, dass auch ich mich durch dieses Erlebnis verändert hatte. Auf dem Gipfel dieses Berges war der Heilige Geist bei uns gegenwärtig und schenkte jedem von uns viel mehr Erweckung und stärkeres neues Feuer, als wir je erwartet hätten.

Emily Smith, 16

MUT

Vor der ganzen Gemeinde will ich erzählen,
wie treu du deine Zusagen einlöst.
Ich höre niemals auf, davon zu reden;
du weißt es, Herr!

Psalm 40,10

Ich wollte es immer allen Leuten recht machen. Ich wollte mich immer anpassen, eine von vielen sein.

In der Schule war ich mit fast allen Leuten befreundet. Ich passte mich bei den Schickimickis und bei den Hip-Hopern an und bei allen möglichen anderen Gruppen. Mir schien, als hätte jeder Mensch etwas, was ich auch wollte. Doch trotz all meiner Versuche fand ich es nicht.

Sozusagen mein ganzes Leben lang ging ich regelmäßig in die Kirche. Ich sang die Lieder mit und redete die Worte mit, aber ich ließ es nie richtig an mich heran. Ich bildete mir ein, dass ich nicht zu glauben brauche, weil andere Leute aus meiner Familie gläubig seien – als wäre ich damit abgesichert. Ich ging sonntags gerne in den Gottesdienst und quatschte hinterher mit meinen Freunden, aber montags war ich das Mädchen, das sich überall anpasste.

Über Gott dachte ich immer: *Wie soll ich eine Person lieben, die ich nicht kenne?* Für mich war es, als würde jemand sagen: »Weißt du was, ich kenne einen Jungen, der ist total verliebt in dich. Liebst du ihn auch?« Wenn man ein bisschen gesunden Menschenverstand hat, möchte man doch wissen, wer dieser Mensch ist – ich wollte es zumindest.

Die Leute sagen immer: »Ich habe Jesus kennengelernt.« Das war bei mir nicht so. Ich fand nichts und lernte
nichts kennen, so sehr ich auch suchte. Stattdessen kam
Jesus und suchte mich. Versteht mich nicht falsch – es war
kein, »Wow, ich hab Jesus kennengelernt« und plötzlich ist
alles wieder gut. Das wäre allzu schön, wenn es so funk-
tionieren würde.

Aber vor anderthalb Jahren fing ich an, Gott wirklich
nachzufolgen.

Ein paar Freunde aus der Gemeinde überredeten mich,
mit ihnen auf eine Konferenz zu fahren und dort sprachen
die Redner darüber, dass man Probleme hat, wenn man
sich perfekt an die Welt anpasst. Für mich stellte das kein
Problem dar. Mir schien, der Redner habe in der Schule
keine Freunde gehabt und sei darüber noch immer ver-
bittert. Bei den anderen Rednern ging es nur darum, dass
wir die Welt verändern sollen. Ich fühlte mich jedoch pu-
delwohl an meinem kleinen Platz in der Welt und wollte
nichts verändern. Es schlug bei mir überhaupt nicht ein
wie der Blitz: Peng! Veränder' die Welt für Jesus!

Am nächsten Wochenende rasselte ich dann wieder
mein Gebetsprogramm herunter, so ungefähr: »Segne
Mama, segne Papa, danke für alles, was ich habe, und üb-
rigens wäre es schön, wenn wir auf der Welt ein bisschen
mehr Frieden hätten.« Doch während ich so betete, ging
mir die Stimme des Redners nicht aus dem Kopf. Es traf
mich wie ein Schlag, dass von all den Leuten, die ich kannte, vielleicht nur zwei wussten, dass ich Christ bin.

*Ich versuche mich immer anzupassen, nur nicht auf-
zufallen,* dachte ich. *Welche Wirkung hat mein Leben
überhaupt?* Ich wusste genau: Wenn ich etwas Eigenes
sage, werden die Leute mich anschauen, als hätte ich ein

bequemes Himmelbett verlassen – und wenn ich nichts sage, werde ich eines Tages vor Gott stehen und ihm erklären müssen, warum es mir peinlich war, den Leuten zu sagen, dass ich ihn lieb habe. Das wollte ich mir lieber gar nicht vorstellen.

Also schaltete ich mein »Segne alle Menschen«-Gebet ab und begann, richtig mit Gott zu reden. Jeden Abend betete ich um Mut und Entschlossenheit. Wenn ich jedoch am nächsten Morgen aufwachte, fühlte ich mich in keiner Weise wie ein Supergirl.

Dann fiel mir ein Satz ein, den meine große Schwester mir einmal gesagt hatte, nämlich dass man nur mutig wird, wenn man sich seiner Angst stellt. Man muss die Angst herausfordern, um sie zu besiegen.

So beschloss ich, zu meinem Glauben zu stehen, obwohl ich wusste, dass es nicht einfach sein würde. Ich hatte regelrecht Angst vor dem, was die anderen denken würden. Du weißt ja, ich war nie eine eigene Person, hatte immer nur versucht mich einzufügen. Es war eine große Kraftanstrengung, denn es ist immer schwer, allein für den Glauben zu stehen.

Ich stellte fest, dass meine Schwester Recht hatte. Nachdem ich einer Person von meinem Glauben erzählt hatte, war es nicht mehr so schwer, noch jemandem davon zu erzählen. Und ob du es glaubst oder nicht, als andere Leute sahen, dass ich mich zu Jesus bekannte, stellten sie sich zu mir.

Zum ersten Mal in meinem Leben versuchte ich nicht, mich irgendjemandem anzupassen. Dabei verlor ich wegen meiner Ehrlichkeit einige Freunde. Aber weil ich ihm trotzdem treu blieb, schickte Gott mir bald gute, starke Christen als Freunde – manche hatte ich vorher flüchtig gekannt und hatte sie eigentlich lieber nicht näher kennenlernen wollen, muss ich zugeben. Jetzt, wo sie meine Freunde sind, merke ich, dass ich im Unrecht war und viele Vorurteile hatte. Ohne sie hätte ich so viel verpasst!

Das Leben ist nicht leicht; und das wird es wahrscheinlich auch nie werden. Es gibt Momente, in denen ich merke, dass ich eigentlich von Gott erzählen soll, aber es nicht tue. Ich könnte mich dafür schlagen, aber ich weiß, dass Gott mir jedes Mal vergibt. Er arbeitet mit mir zusammen.

Ich passe mich nun nicht mehr jeder Gruppe an, denn wie könnte ich Jesus von ganzem Herzen lieben und trotzdem bei allen Sachen mitmachen, die gerade *in* sind? Das geht nicht. Wenn es um eine Entscheidung geht, ob ich »auf dieser Erde willkommen sein« will oder »im Himmel«, dann entscheide ich mich auf jeden Fall für den Himmel.

Lauren Alyson Schara, 16

VERÄNDERUNG

*»… Kehrt um zu mir, dann will auch ich
zu euch umkehren«, sagt der Herr.*

Maleachi 3,7

Da ich schon fast mein ganzes Leben lang gesurft habe,
wollte ich immer gern auf besondere Weise gegenüber
anderen Surfern meinen Glauben bezeugen. Gott hatte
mir sehr viel geschenkt und ich wünschte mir, dass auch
andere den Frieden und die Erfüllung erleben durften, die
ich durch meine Beziehung zu Gott erfuhr.

Eines Tages gab Gott mir die Idee, ein Video mit Zeug-
nissen mehrerer gläubiger Profisurfer zu erstellen. Mit
Hilfe einiger Surf- und Skateunternehmen und einiger
Menschen mit der gleichen Vision wurde das Video ge-
dreht. Der Titel lautete *Veränderung*.

Wir steckten viel Gebet und viel Arbeit in das Projekt in
der Hoffnung, dass es das Leben von Menschen nachhal-
tig verändern würde. Wir wussten: Wenn wir Gott durch
uns wirken lassen, lässt er Dinge geschehen, die uns nicht
im Traum einfallen würden. Und genau das tat er.

Für die Dreharbeiten flogen wir nach Japan und während dieser Zeit wuchsen mir die Menschen in Japan richtig ans Herz. Nur sehr wenige Japaner glauben an Jesus.
Ich sah, dass sie den Herrn nicht kannten, und das ging
mir sehr zu Herzen. Ich wollte ihnen so gern vom Evangelium erzählen.

Als der Film fertig war, machten wir in fast allen Städten
in Kalifornien Vorführungen und auch in anderen Teilen
der USA. Doch irgendwie kam auch Japan immer wieder

ins Gespräch. Allerdings wussten wir nicht, was wir damit anfangen sollten.

Ganz unerwartet schickte Gott uns dann plötzlich eine Frau namens Emi über den Weg. Sie wohnte in derselben Straße wie ich, kam aber ursprünglich aus Japan. Emi liebte Surfen – und sie liebte Gott. Zu unserem Erstaunen stieg sie in unser Projekt ein und flog nach Japan, um dort für uns eine Tour vorzubereiten. Sie übersetzte das Video sogar ins Japanische.

Schon bald waren wir wieder unterwegs nach Japan und waren gespannt, was Gott mit uns vorhatte.

Zwei bekannte *Longboarder*, Skip Frye und Mitch Abshire, kamen mit auf unseren Einsatz. Am Flughafen von Tokio hatten wir bereits ein Treffen mit Journalisten einer *Longboarder*-Zeitschrift. Sie wollten einen Bericht über uns machen und hatten ein Foto eingeplant, das an einem anderthalb Autostunden entfernten Strand aufgenommen werden sollte.

Ich landete im Auto des Chefredakteurs, der Steve hieß. Da wir mit dem Ziel gekommen waren, das Video zu zeigen und von unserem Glauben zu erzählen, beschloss ich ihm zu erzählen, wie ich Christ geworden war. Zum Glück hatte Steve früher auf Hawaii gelebt und konnte Englisch, sodass ich keinen Dolmetscher brauchte. Ich erzählte und erzählte, und obwohl er meist auf die Straße sehen musste, drehte er sich immer wieder zu mir hin, um mir zu zeigen, dass er zuhörte. Ich konnte nicht erkennen, was er dachte, ob ich ihm auf die Nerven ging oder ob es ihn interessierte.

Als ich mit der Geschichte fertig war, sah ich zu ihm rüber und war von dem Anblick völlig perplex. Er saß am Steuer und die Tränen liefen nur so seine Wangen herunter, tropften auf sein T-Shirt und die Skaterhose. Ich dachte nur: *Was ist denn jetzt los?* Nie hätte ich erwartet, dass ihn mein Zeugnis so tief berühren würde.

Er drehte sich wieder zu mir hin und schaute mich kurz an. »Ich muss dir sagen«, begann er, »ich denke, dass Gott euch heute hierher gebracht hat.«

Ich verstand überhaupt nichts.

Er erklärte, bei seiner Mutter sei Krebs im Endstadium festgestellt worden und er ringe mit der Frage, wo in all ihrem Leid und Schmerz noch Gott sei. Gerade am Vortag hatte der Arzt ihm mitgeteilt, dass seine Mutter noch etwa zwei Monate zu leben habe, doch er hatte es ihr noch nicht erzählt.

Seine Worte erschütterten mich. Mir fiel nichts Gutes ein, was ich in einer solchen Situation hätte sagen können, darum fragte ich nur, ob ich für ihn beten dürfe. Ich legte meine Hand auf seine Schulter und beim Beten schien Gott zu mir zu sagen, dass ich ihn fragen sollte, ob wir seine Mutter besuchen könnten. Also fragte ich ihn.

Völlig verblüfft schaute er mich an. Er schien zu denken: *Wie kommt dieser Kerl auf die Idee, sich auf seiner Reise Zeit zu nehmen für einen Besuch bei einer Frau, die im Sterben liegt und die er nicht einmal kennt?*

Er schüttelte den Kopf und sagte: »Oh, das wäre unglaublich. Aber warum wollt ihr so was machen? Seid ihr nicht zum Surfen nach Japan gekommen?«

»Nun, eigentlich sind wir nach Japan gekommen, um unseren Film zu zeigen, und der Film handelt von der guten Nachricht von Jesus. Darum sind wir hier. Drei Monate lang haben wir für diese Reise gebetet. Wir sind hergekommen, um den Menschen zu helfen und ihnen Liebe zu schenken«, versicherte ich ihm.

»Denkst du, dass Skip mitkommen würde?«, fragte er. »Ist er nicht zum Surfen hergekommen?«

»Wir sind hier, um dem Herrn zu dienen, und das wollen wir auch tun«, entgegnete ich. »Er kommt auf jeden Fall mit.«

Steve rief seine Mutter an, um herauszufinden, ob sie für einen Besuch mehrerer junger Surfer bereit sei. Sie sagte ja. Also gingen wir surfen, nahmen die Bilder für den Artikel auf und fuhren dann zu Steve.

Die Autos hielten vor einem wunderschönen japanischen Haus. Nachdem wir unsere Schuhe ausgezogen hatten, betraten wir einen Raum, in dem uns eine schöne, schon etwas ältere Japanerin erwartete. Ihre Schönheit lässt sich schwer in Worte fassen. Sie strahlte etwas aus, obwohl ihre Krankheit sichtbar war und sie lauter Schläuche in der Nase hatte. Die schlechte Nachricht des Arztes hatte sie noch nicht gehört und daher hatte sie immer noch Hoffnung, den Krebs zu besiegen.

Als wir hereinkamen, begannen ihre Augen zu strahlen, und ein Lächeln breitete sich über ihr ganzes Gesicht. Japaner sind normalerweise ziemlich zurückhaltend und steif, umso erstaunlicher war ihre Reaktion. Wir dachten: *Was für eine Frau, sie liegt im Sterben und strahlt trotzdem so viel Schönheit und Freude aus.*

Skip setzte sich neben sie und unterhielt sich über einen Dolmetscher mit ihr. Skip ist schon über sechzig und war Steves Mutter vom Alter her am nächsten, darum ließen wir ihm den Vortritt. Er signierte ein paar Fotos, auf denen er beim Surfen abgebildet war, wobei diese Autogramme der Frau wahrscheinlich weniger bedeuteten als ihrem Sohn, der definitiv um Skips Bedeutung in der Surfwelt wusste. Steve konnte sich noch immer nicht erklären, warum professionelle Surfer all das taten. Er konnte überhaupt nicht nachvollziehen, warum wir uns um seine Mutter kümmerten.

Nun fragte Skip über den Dolmetscher, ob er für die Mutter beten dürfe. Sie willigte ein. Wir wunderten uns, dass sie sich über einen Besuch von drei Surfern, die sie nicht kannte, so sehr freute – dass sie so offen war für unsere Aufmerksamkeit und unser Gebet.

Als wir einige Tage später wieder in die USA zurückgekehrt waren, schrieb ich Steve eine E-Mail, dankte ihm für alles und fragte, wie es seiner Mutter gehe.

Seine Antwort kam innerhalb weniger Stunden. Er schrieb, seine Mutter habe am Tag vor unserem Besuch erfahren, dass ihr eine unangenehme Untersuchung im Krankenhaus bevorstand, und sie habe große Angst davor gehabt. Sie habe ihm erzählt, dass sie zum ersten Mal seit 20 Jahren wieder das Bedürfnis gehabt habe zu beten. Doch sie habe sich nicht würdig gefühlt, zu Gott zu kommen, weil sie ihn schon so lang vernachlässigt habe, deshalb hatte sie sich selbst verboten zu beten.

Steve erklärte, dass seine Mutter in Hawaii aufgewachsen war und dort in der Schule von Jesus gehört hatte. Daher wusste sie, wer Christus ist, aber sie konnte sich nicht vorstellen, dass er sich nach so langer Zeit noch über ein Gebet von ihr freuen würde. Als aber am nächsten Tag drei Christen zu ihr kamen, war das für sie ein Zeichen Gottes, dass er ihr Verlangen nach neuem Kontakt zu ihm gesehen hatte. Ihr war nicht wichtig gewesen, wer wir waren – wichtig war nur, dass wir in jenem Moment gekommen waren, um mit ihr zu beten, als sie es allein nicht schaffte.

Weil in Japan nur so wenige Christen leben, konnte ich mir diesen Zusammenhang nur durch das Wirken Gottes erklären. Wir konnten kaum fassen, dass Gott uns an den Ort geschickt hatte, an dem wir Tausende Kilometer entfernt von zu Hause seine Hände und Füße sein durften. Er hatte ohne Frage in der ganzen Sache die Regie geführt.

Steve schrieb auch, dass er spürte, wie sich ihr Leben nach unserem Besuch im Tiefsten verändert hatte. In einem sehr schweren Moment ihres Lebens war sie daran erinnert worden, dass Jesus sie liebt und für sie sorgt. Gott antwortete ihr durch uns und sagte: *Ich habe dich nicht vergessen. Egal, ob du 20 oder 50 Jahre lang nicht mit mir geredet hast, du kannst immer zu mir zurückkommen und ich werde dein Gebet hören.* Das muss ein großer Trost für sie gewesen sein.

Bryan Jennings

AUS DEM DRECK GEZOGEN

Ich sah mich schon im Grabe liegen,
ich sah mich im Sumpf versinken;
doch er hat mich herausgezogen und
mich auf Felsengrund gestellt.
Jetzt kann ich wieder sichere Schritte tun.

Psalm 40,3

Zwei Erinnerungen habe ich an die Zeit, als meine Eltern noch verheiratet waren.

Einmal schob mein Vater unser Auto aus dem Schnee und brachte uns wieder auf sicheren Boden. Obwohl ich noch nicht einmal vier war, wusste ich, dass er mein Held war.

Die andere Erinnerung ist, dass mein Vater einmal betrunken war. Er hatte absolut keine Kontrolle mehr über sich und boxte ein Loch in die Hauswand. Dabei brach er sich den Arm. Meine nächste Erinnerung ist, dass meine Mutter mich danach ohne Schuhe an den Füßen eine dunkle Straße entlangtrug. Ich kann mich nicht erinnern, dass wir das Haus je wieder betraten. Dann zogen wir von *Pennsylvania* nach *Florida*, weit weg von meinem Vater.

Damit begann in meinem Herzen eine lebenslange Zerrissenheit zwischen dem Helden und dem Betrunkenen.

In den folgenden Jahren verbrachte ich viel Zeit mit meinem Vater im Auto. Er fuhr die über tausend Kilometer zu uns nach *Florida* und nahm mich für ein paar Tage mit zu sich nach *Pennsylvania*. Auf den Fahrten sollte ich ihm immer »Auto-Cola« aus der Kühlbox reichen. Ich wusste, dass dieses Getränk meinen Vater veränderte, aber ich wusste nicht, dass ich ihn damit konfrontieren sollte – noch nicht.

Mit 15 Jahren hörte ich den Ruf Jesu und wurde Christ. Es war für Gott nicht einfach, an mich ranzukommen, weil ich meinen Vater so verehrte; er glaubte nicht an Gott, darum glaubte auch ich nicht. Doch schließlich benutzte Gott andere Christen in meiner Schule und drang damit zu mir durch. Nachdem ich ihn kennengelernt hatte, forderte er mich auf, in neuer Form auf meinen Vater einzuwirken.

In meinem Leben gab es zwei wichtige Ereignisse, bei denen mein Vater dabei war – betrunken. Diese schmerzhaften Erlebnisse waren jedoch notwendig, damit ich meine Aufgabe erkannte, auf meinen Vater einen verändernden Einfluss auszuüben. Während meiner Schulabschlussfeier vertraute mein Vater sein Leben Christus an, weil er wegen des Todes seines eigenen Vaters ernsthaft ins Grübeln gekommen war. Das zweite Ereignis war in meiner neuen Gemeinde, als ich meine erste Predigt hielt. Mein Vater saß zwischen den anderen Gottesdienstbesuchern – betrunken. Ich stellte ihn anschließend zur Rede, womit der schwere Weg einer häufig angefochtenen Liebe begann.

Einige Zeit später rief mich mein Vater an und schlug vor, dass er zu uns nach Florida ziehen könnte. Als ich mit meinem geistlichen Leiter darüber sprach, erklärte er mir, dass Alkoholiker oft den Ort wechseln wollten, und er machte mir deutlich, dass es nicht gut wäre, meinen Vater in die Nähe meiner Familie ziehen zu lassen. Obwohl es wirklich schwer war, erklärte ich meinem Vater, dass er überall hinziehen dürfe, nur nicht in die Nähe seiner Schwiegertochter und seines Enkelsohns, außer er nehme an einem wirksamen Entziehungsprogramm teil. Ich erzählte ihm von *Teen Challenge*, einem einjährigen Programm in *Sandford* in *Florida*. Woraufhin er antwortete, dass er sich die Sache überlegen würde.

In derselben Woche wurde mein Vater betrunken am Steuer erwischt. Er war schon in zwei Bundesstaaten mehrere Male mit Alkohol am Steuer erwischt worden, sogar nachdem ihm der Führerschein abgenommen worden war. Diesmal würde er ins Gefängnis kommen. Er verlor in der Firma seine leitende Position, die er 28 Jahre innegehabt hatte. Seine Ehefrau, mit der er 22 Jahre verheiratet gewesen war, reichte die Scheidung ein. Seine Tochter im Teenageralter redete nicht mehr mit ihm.

Auch wenn es verrückt klingt, ich hatte 13 Jahre lang um eine derartige Krise gebetet. Mein Gebet war so verzweifelt geworden, dass ich Gott bat, ihm den Boden unter den Füßen wegzuziehen – ja ich bat Gott, ihn ins Gefängnis zu werfen. Doch betete ich auch, dass er nicht sterben sollte, ohne ihn zu kennen.

Schließlich rief mein Vater »mich noch mal an« und dieses Telefonat sollte mein und sein Leben grundlegend verändern. Anstatt in das Entziehungsprogramm einzuwilligen, sagte er: »Brian, sobald ich den Hörer auflege, bringe ich mich um.« Ich wusste nicht, dass er gerade einen Unterdruckschlauch an das Auspuffrohr seines Porsche Cayenne geklebt hatte, um sich in der Garage das Leben zu nehmen.

Mir stockte das Blut in den Adern, ich überlegte, ob ich den Notarzt rufen und in das nächste Flugzeug nach *Pennsylvania* steigen sollte. Doch Gott gab mir Worte in den Mund, die ich nur mit seiner Kraft aussprechen konnte.

»Vater, bevor du das tust, überleg dir, wie dein Enkelsohn

auf diese Nachricht reagiert«, sagte ich. »Ich werde ihm erzählen, dass die Pikalows aufgeben. Ich werde ihm sagen, dass man ruhig Selbstmord begehen kann. Für ihn wird eine Welt zusammenbrechen, weil dann alles verloren ist, was er mit dir verbindet. Er wird dich nie richtig kennenlernen und nicht herausfinden, wofür du stehst.« Am Ende sagte ich, dass ich für ihn beten würde, und das Gespräch war vorbei. Ich legte den Hörer auf und wusste nicht, ob mein Vater sich für das Leben oder den Tod entscheiden würde. Das war der schwerste Moment meines Lebens.

Mein Vater dachte über meine Worte nach und fiel auf die Knie. Zum ersten Mal in seinem Leben legte er in diesem Moment alles in Gottes Hand.

Ein paar Minuten später rief er mich wieder an und sagte: »Ich mach's. Ich will an dem Programm teilnehmen. Was müssen wir genau tun?«

Da ihn bald ein Richter zu einer Gefängnisstrafe verurteilen würde, sprach mein Vater mit seinem Anwalt, der noch nie von *Teen Challenge* gehört hatte. Dieser sollte den Richter in *Pennsylvania* überzeugen, meinen Vater zu einem Jahr im sonnigen *Florida* zu verurteilen. Das war keine leichte Sache, weshalb ich eine befreundete Gemeinde anrief und um ihr Gebet für ein Wunder in einem Gerichtssaal in *Pennsylvania* bat.

Der Richter fragte meinen Vater, warum er für seine Straftat eine solch merkwürdige Strafe wolle. *Teen Challenge* sei ein sehr hartes Programm – manche sagen sogar, es sei härter als das Gefängnis. Mein Vater antwortete dem Richter, dass er befreit werden müsse und nur Jesus das könne. Der Richter antwortete darauf: »Wenn der gnädige Herr das so sieht, möchte der Staat *Pennsylvania* sich dieser Sicht anschließen.«

Wunder und Heilungen setzten auf der Stelle ein. Als ich meinen Vater am Eingang von *Teen Challenge* absetzte, hatte ich zum ersten Mal seit vielen Jahren wieder Hoffnung für ihn. Mein Vater erzählt, dass er in dem Augenblick, in dem wir ihn dort zurückließen, die Worte aus Psalm 40,3 spürte. Dort heißt es, dass Gott uns aus dem Dreck und dem Sumpf zieht, uns auf den Felsen mit Namen Jesus Christus stellt und uns Hoffnung für unser Leben gibt.

Dennis Pikalow absolvierte elf Monate lang das Entzugsprogramm bei *Teen Challenge*. Seitdem sind vier Jahre vergangen und mein Vater ist in die Statistik eingegangen. Er gehört zu den Menschen, die zu der 86-prozentigen Heilungsquote bei *Teen Challenge* beitragen, der höchsten Quote im ganzen Land. Gut gemacht, Vater!

Und gut gemacht, Gott, dass du den einen Menschen gerettet hast, für den ich keine Hoffnung auf Veränderung mehr hatte. Danke, dass du mir die Kraft gegeben hast, klar Stellung zu beziehen.

Brian Pikalow

EIN BARMHERZIGER GOTT

Aber du, Herr, du bist ein Gott voll Liebe und Erbarmen, du hast viel Geduld, deine Güte und Treue sind grenzenlos.

Psalm 86,15

Trotzdem wartet der Herr sehnlich auf den Augenblick, an dem er sich euch wieder zuwenden kann. Er will seine Macht zeigen und sich über euch erbarmen …

Jesaja 30,18

… Wenn er sich bei mir über dich beklagt, werde ich ihn hören; denn ich bin barmherzig.

2. Mose 22,26

EINE CHANCE ZUM ABSCHIED

Gott redet doch! Er tut es immer wieder, mal sanft,
mal hart – man achtet nur nicht drauf!
Zur Nachtzeit, wenn die Menschen ruhig schlafen,
in tiefem Schlummer auf den Betten liegen,
dann redet Gott durch Träume und Visionen.
Er öffnet ihre Ohren, dass sie hören …

Hiob 33,14–16

Ich wachte auf, weil mich meine Oma wachrüttelte. In der Dunkelheit meines Zimmers war ich völlig orientierungslos und fand es noch zu früh zum Aufstehen, also drehte ich mich noch einmal auf die andere Seite, um weiterzuschlafen. Mit 14 hasste ich es, früh aufzustehen. Und ich sah an diesem Morgen keinen Grund dazu, weil es wirklich noch sehr früh war.

»Ich weiß, dass es sehr früh ist, Emily«, sagte meine Oma. »Aber unten ist jemand, der mit dir reden will.«

Bei diesen Worten wurde ich hellwach, denn mir fiel wieder ein, dass mein Papa unterwegs war und ich auf Nachrichten von ihm wartete. Meine Mama war vor ein paar Tagen zu ihm nach *Chicago* geflogen.

Im vergangenen Jahr war Papa mal mehr, mal weniger krank gewesen. Ich sah Mamas sorgenvollen Blick, wenn sie darüber sprach, doch den Ernst der Lage erkannte ich nicht. Wenn ich mit Papa Schach spielte, rieb er sich manchmal die Beine und sagte, sie seien taub. Er hatte weniger Energie als sonst, doch ich dachte nie viel darüber nach, weil ich mit meinem eigenen Leben schon genug beschäftigt war: Schule, Gemeinde und Freunde.

Ich zog mir den Bademantel über – denn im März war es in *Omaha* noch sehr kalt – und schlurfte in meinen Kuschelhausschuhen nach unten, ohne etwas von der bevorstehenden Nachricht zu ahnen. Vielmehr vermutete ich, jemand würde mir sagen, wann Papa wieder nach Hause kommen und in mein Leben zurückkehren würde.

Als ich um die Ecke in Richtung Küche bog, sah ich einen guten Freund von Papa, Buzz Krause, wie er am Küchenschrank lehnte. Er wirkte abgekämpft, hatte einen Stoppelbart und dunkle Augenringe und rang sich ein trauriges Lächeln für mich ab. Meine zwei großen Brüder waren schon da und machten einen gequälten Eindruck.

Der Geruch des ersten Morgenkaffees hing in der Luft. Ich fragte mich, warum wir alle zusammengetrommelt worden waren.

Nach einer langen Pause sagte Buzz: »Ich finde es furchtbar, euch diese Nachricht zu überbringen, aber euer Papa ist heute Morgen gestorben.« Er umarmte jeden von uns einzeln und sagte dann: »Es tut mir sehr leid.«

Ich suchte nach einem Zeichen, dass diese Nachricht nicht stimmte, und sah zu Oma hinüber, doch sie kauerte in einer Ecke der Küche und weinte stille Tränen. Mein ältester Bruder Joel legte seinen Arm um mich und drückte mich fest an sich.

Dann stimmt es also, dachte ich, und die Botschaft breitete sich wie Gift in meinen Adern aus. *Papa ist weg und ich habe mich nicht von ihm verabschiedet. Das kann nicht sein! Wie habe ich so einen Verlust verdient?*

Als ich Papa zum letzten Mal gesehen hatte, war er gerade dabei, seine Sachen zu packen. Nachdem er eine neue Arbeitsstelle angetreten hatte, hatte er an jenem Tag nach *New York* zu einer Sitzung gemusst. Im Flugzeug war es ihm dann so schlecht gegangen, dass sie in *Chicago* zwischenlandeten, wo er in ein Krankenhaus gebracht wurde.

Dass Papa packen musste, war ich gewohnt. Als Chemiker war er viel auf Reisen. Manchmal nahm er mich im Sommer mit, wenn die Reise nicht zu lang war. Diese Tage, an denen ich mit Papa allein im Auto über Landstraßen und Autobahnen fuhr, waren für mich wie der Himmel: Ich durfte stundenlang mit Papa allein sein und seine einzige Beschäftigung war, mir zuzuhören. An solchen Tagen hielten wir an Raststätten und aßen dort zu Mittag. Ich fühlte mich erwachsen und sehr wichtig – bei Papa fühlte ich mich immer so.

Als nach seinem Tod die Tage wie Schatten vorüberzogen, zermürbte mich der Gedanke, dass ich keine Möglichkeit gehabt hatte, mich von meinem Papa zu verabschieden. Wie eine Seuche wuchs er an, verpestete die Tage von früh bis spät und beeinflusste alles um mich herum. Es war so schmerzhaft, allmählich zu erkennen, dass ich nie wieder mit Papa Drachen steigen lassen würde. Keine Bettgespräche mehr. Ich konnte überhaupt nichts tun, um seinen Tod rückgängig zu machen. Das wusste ich. Und das Einzige, was ich mir wünschte, war ein letzter Abschied. Doch den würde ich nie bekommen, denn er war schon gegangen.

Ich war im christlichen Glauben erzogen worden. Wir gingen in die Kirche, ich lernte Beten und Glauben. Doch bestanden meine Gebete nur aus einfachen Dingen, bei denen ich mir eine Erfüllung vorstellen konnte, zum Beispiel Hilfe während der Mathearbeit. Ich hatte Gott noch nie gebeten, etwas Unmögliches zu tun. Der Gott, von dem ich im Kindergottesdienst gehört hatte, konnte das Wasser teilen und Kranke heilen. Er hatte Blinde sehend gemacht und Tausende Menschen mit ein paar Broten und Fischen gesättigt. Doch diese Wunder waren vor vielen hundert Jahren passiert. Berühmte Leute mit großem Glauben hatten sie erlebt. *Heute kann so etwas nicht mehr passieren*, fand ich. *Nicht so einem kleinen Menschen wie mir.* Oder vielleicht doch?

Wen sollte ich fragen? Wer würde mir sagen können, ob Gott heute noch schwierige Gebete erhört? Ohne meinen Papa fühlte ich mich so einsam. Er hatte mir immer die schweren Fragen beantwortet. Aber weil er nicht mehr da war, entschloss ich mich, Gott direkt zu fragen.

Das kann nicht schaden, überlegte ich mir. Ich musste mit jemandem reden und der Gott, von dem ich gehört hatte, machte einen freundlichen Eindruck. Darum betete ich, schüttete meine Trauer vor ihm aus und vertraute darauf, dass Gott mir so zuhören würde, wie mein Vater mir immer mit viel Geduld und Verständnis zugehört hatte.

Ich weinte und bestürmte Gott mit der Leidenschaft einer Vierzehnjährigen, ich wollte Papas Tod verstehen. Als die Wut in meiner Seele abklang, betete ich: »Wenn du es kannst, Gott, bitte mach', dass ich wenigstens Abschied nehmen darf.«

Und eine Woche nachdem mein Papa in den Himmel gegangen war, hatte ich einen sehr lebendigen Traum, in dem ich sogar das frische Gras riechen und den Wind in meinem Haar spüren konnte. Ich stand auf einem grünen Berg, ganz oben – so weit oben, dass ich meinte, ich könne die Wolken berühren. Obwohl ich keine Sonne sah, war alles voll hellen Lichts. Neben mir stand mein Vater. Mit ausgestreckten Armen nahm er meine Hände.

»Ich wollte nicht, dass du gehst«, sagte ich mit drängender Stimme. Ich weinte. »Wie soll ich ohne dich leben?«

Er schenkte mir sein liebevolles Lächeln. »Ich weiß, dass du das schaffst. Ich bin nur gekommen, um mich zu verabschieden.« Er sah friedlich aus und jünger als im letzten Jahr vor seinem Tod.

Ich nickte und wusste, dass dies der Abschied war, um den ich Gott gebeten hatte. »Ich hab dich lieb, Papa. Tschüss.«

»Ich hab dich auch lieb, Emily. Tschüss«, sagte er und ließ meine Hand los.

Mit Tränen auf den Wangen wachte ich auf und wusste, dass Gott mir meine Bitte erfüllt hatte. Seitdem weiß ich mit großer Gewissheit, dass Gott auch heute Unmögliches tun kann.

Emily Allen Hoffman

ZEIT – EIN UNBEZAHLBARES GESCHENK

Dient einander mit den Fähigkeiten,
die Gott euch geschenkt hat – jeder und jede mit der
eigenen, besonderen Gabe! Dann seid ihr gute Verwalter
der vielfältigen Gnade Gottes.

1. Petrus 4,10

Als unser Schuldirektor Mr Staples mich mitten am Tag zu sich ins Büro rief, rechnete ich mit dem Schlimmsten. Er wies mich an, Platz zu nehmen, und ich konnte mir überhaupt nicht vorstellen, was jetzt kommen sollte.

An der Schule hatte ich den Ruf, gut mit dem Computer umgehen zu können. Als Mr Staples mich nun fragte, ob ich einem seiner Freunde ein paar Sachen am Computer zeigen könne, war ich nicht überrascht. Doch dann wurde seine Stimme ernst. Er sagte, ich solle erst gut darüber nachdenken, denn dieser Freund, Bill, habe Lungenkrebs und liege im Sterben. Er gab mir zu verstehen, dass ich ganz frei entscheiden konnte, ob ich zu ihm gehen wollte oder nicht.

Mein Herz schlug schneller. Das hier war ein lebensverändernder Augenblick, eine Charakterprüfung. Ich überlegte: *Soll ich zu dem Mann gehen, obwohl ich weiß, wie krank er ist und dass er bald stirbt? In meiner direkten Umgebung ist noch niemand gestorben. Wie werde ich das verkraften?*

Diese Gedanken rasten mir durch den Kopf und dann sagte ich zu. Mr Staples starrte mich verdutzt an und ich blickte zurück. Hatte ich diese Entscheidung wirklich so schnell getroffen?

Ich nahm Bills Adresse mit und an meinem nächsten freien Nachmittag fuhr ich zu ihm. Auf dem Weg dorthin war ich so aufgeregt, dass mein Herz nur so gegen die Rippen pochte. Wieder stand ich vor einer großen Entscheidung: Wie sollte ich mich bei diesen Leuten verhalten? Als ich schon in die Hauseinfahrt bog, beschloss ich, mich so fröhlich wie möglich zu geben und möglichst wenig Mitleid zu bekunden.

Als ich das Haus betrat, spürte ich, dass alles gut werden würde. Ich stellte mich Bill und seiner Frau Florence vor und er sprang sofort auf meinen Nachnamen an – Murphy. Er fragte, wer meine Eltern seien, aber ich erklärte ihm, dass wir nicht aus *Kentucky*, sondern von weit weg aus *Maine* stammten und er sie wahrscheinlich nicht kannte.

Es stellte sich heraus, dass Bill großes Interesse an der Ahnenforschung hatte, und so wurde dies unser erstes Projekt am Computer. Ich zeigte ihm, wie er im Internet Abstammungen recherchieren konnte, und er erzählte mir Geschichten über seine Vorfahren. Er holte selbst die Tapferkeitsmedaille seines Großvaters mit der Bezeichnung *Purple Heart* (dt. Purpurherz) heraus und erklärte mir, wie dieser sie im Krieg erworben hatte. Am Ende verbrachten wir mehr Zeit mit Erzählen als am Computer.

In der kurzen Zeit, die ich mit Bill erlebte, entstand eine enge, gute Beziehung zwischen uns. Da meine Großeltern alle weit weg wohnen, wurde er für mich wie ein Großvater.

Als er einmal nach einer Operation auf der Intensivstation lag, ging ich ihn besuchen. Ich schlich mich an den Ärzten vorbei in sein Zimmer und wurde gleich mit einem »Murphy!« begrüßt, das war sein Spitzname für mich. Er stellte mich einigen Verwandten vor, und sie fingen an, von Dingen zu reden, die Bill ihnen über mich erzählt hatte. Er lag da, vollgepumpt mit Morphium, konnte kaum diesen vielen Besuch vertragen und prahlte dennoch regelrecht mit mir.

Aber als ich das nächste Mal wieder zu ihm nach Hause kam, hatte er sich noch nicht von der Operation erholt und ich sah ihm an, dass er seine Fröhlichkeit verloren hatte. Ich sah die Anspannung in den Augen von Florence, die mir bestätigte, dass er keinen Lebensmut mehr hatte. Ich versuchte, meine eigene Hoffnungslosigkeit nicht zu zeigen, sondern ihn zu ermutigen. Beim Abschied dankte Florence mir von ganzem Herzen für mein Kommen und sagte, Bill habe schon lange keine so gute Laune mehr gehabt.

Nach einiger Zeit wurden meine Besuche immer seltener. Der Sommer kam und vor lauter Babysitting und Familienurlaub hatte ich keine Zeit, zu Bill zu gehen. Und als mein letztes Schuljahr anfing, blieb mir überhaupt keine Zeit mehr für die Besuche. Ich dachte oft an ihn, hatte jedoch das Gefühl, dort nach so langer Pause nicht mehr erwünscht zu sein. Ich meinte, er und seine Familie hätten mich vielleicht vergessen.

Die Zeit verging und mein Gewissen plagte mich immer öfter, bis ich Bill an einem Sonntagnachmittag aus meinen Gedanken nicht mehr verdrängen konnte. Ich war unterwegs und wollte meine Schwester ganz in der Nähe von Bill abholen, als mir klar wurde, dass ich ihn anrufen sollte.

Florence ging ans Telefon, ihre Stimme zitterte. Ich erklärte rasch, wer ich bin, denn ich hatte Angst, dass sie mich nicht mehr kennen würde. Sie versicherte mir, dass sie mich noch kannte, und ich fragte, wie es Bill gehe. Wie an jenem ersten Nachmittag in seiner Einfahrt pochte mir das Herz in der Brust, als ich in der Stille auf die Antwort von Florence wartete.

Schließlich sagte sie: »Nicht gut. Bill liegt im Sterben. Die Ärzte geben ihm nur noch ein paar Tage.«

Zögernd fragte ich, ob ich vorbeikommen dürfe. Sie sagte, für ein paar Minuten könne ich gern kommen.

Als ich an ihrer Tür stand, versuchte ich, mich auf das Schlimmste gefasst zu machen. Florence machte mir auf und ich ging zum Krankenhausbett, in dem Bill lag. Der einstmals starke, lebhafte Mann lag nun hilflos und schwach dort – im Sterben. Beim Näherkommen sah ich sein Gesicht. Er schlief, doch sein Gesicht war schmerzverzerrt. Als ich seinen Zustand sah, war ich überzeugt, dass es ein sehr schneller Abschied werden würde.

Aber als ich direkt an seinem Bett stand, machte er seine Augen auf, und sein Gesicht erhellte sich bei dem Ausruf: »Murphy!«

Obwohl ich nur ein junges Mädel war, das ihm ein paar Sachen am Computer gezeigt hatte, wurde mir jetzt bewusst, wie lieb er mich gewonnen hatte.

Bei dieser herzlichen Begrüßung ging mir das Herz auf und meine Gedanken wanderten zu dem Tag, an dem ich zum ersten Mal in diesem Zimmer gesessen hatte und Bill noch viel stärker gewesen war. Er schlief rasch wieder ein, und als er dann noch einmal aufwachte, verabschiedete ich mich aus tiefstem Herzen.

Ein paar Tage später hörte ich von Mr Staples, dass Bill gestorben war. Ich fing an zu weinen, aber trotz des Schmerzes bereute ich nicht eine Sekunde lang, Bills Computerunterricht übernommen zu haben. Obgleich ich ihn nur so kurz gekannt hatte, hatte diese Bekanntschaft mein Leben beeinflusst.

Ich hatte Bill etwas geschenkt, das ich leicht beherrschte, und hatte keine großen Auswirkungen erwartet. Jetzt weiß ich: Wenn ich mich anderen Menschen gegenüber öffne und ihnen etwas aus meinem Herzen schenke, kann ich bei jedem Menschen etwas bewegen, auch wenn die Geste noch so klein aussieht.

Patricia L. Murphy

MEIN TRAUM UND MEINE WIRKLICHKEIT

So spricht der Herr, der Herrscher der Welt:
»Richtet gerecht und erweist einander Liebe und
Erbarmen.«

Sacharja 7,9

Afrika war ein Traum. Mein Traum.

In der Grundschule schrieben die meisten Kinder, dass sie mal nach Hawaii oder in ein anderes exotisches Paradies wollten. Ich wollte in den Kongo. Ich stellte mir vor, wie ich die raue Landschaft der heißen Saharawüste von einem Kamelrücken aus erkunden würde. Ich wollte mit den Pinguinen in Kapstadt baden. In der Wildnis dieses Kontinents würde ich mich bravourös zurechtfinden. Der Häuptling der Zulu würde mich einladen, unter den funkelnden Sternen an den majestätischen Victoriafällen mit ihm zu speisen. Ich wollte den Hungernden Essen geben und mit wilden Tieren kämpfen … eines Tages.

Als ich in die Mittelstufe kam, war dieser Traum nur noch kindischer Unsinn, der in meinen Augen nichts mehr mit der Realität zu tun hatte. In dieser Zeit kämpfte ich hart um meine Gesundheit. Ich bekam schwere Depressionen.

Mit 14 fing ich an, Antidepressiva zu nehmen und hatte das Gefühl, den Kampf zu verlieren. In dem Sommer nach meinem neunten Schuljahr wurde ich von einer Gruppe Jungs, von denen manche auch auf meine Schule gingen, vergewaltigt und sexuell missbraucht. In diesem Moment war ich sicher, dass ich den Kampf verloren hatte und es mir nie wieder gut gehen würde. Die Diagnose bescheinigte mir ein posttraumatisches Stresssyndrom und ernste Angststörungen..

Im Winter wechselte ich die Schule, war aber kaum in der Lage, aus dem Haus zu gehen. Ich hatte keine Freunde, kein Vertrauen, keinen Glauben und keine Hoffnung. Ich konnte weder essen noch schlafen. Fast täglich hatte ich schlimme Angstattacken. Die Zukunft war dunkel und machte mich fertig. So konnte man nicht leben und ich war mir nicht sicher, ob ich überhaupt leben wollte, wenn das Leben so war. Alles schien hoffnungslos.

Im Frühling kam ich wegen meiner Depressionen ins Krankenhaus. Eine Woche lang war ich weit weg von der Welt und konnte über meine eigene Welt nachdenken, in die ich mich selbst hineinbefördert und eingeschlossen hatte. Ich wusste, dass ich einen Zusammenbruch brauchte und mich selbst verändern musste, bevor ich an anderen Stellen eine Veränderung erwarten durfte.

Im Sommer hörte ich von den Plänen einer befreundeten Familie, für ein Jahr als Missionare nach Malawi in Südostafrika zu gehen. Halb im Scherz sagte ich zu ihnen, ich wolle mitkommen. Eine Woche später luden sie mich offiziell ein mitzukommen, wenn ich mich selbst finanzieren würde. Meine Mutter hatte nichts dagegen unter der Bedingung, dass die Ärzte zustimmten und mein Schulabschluss gut würde.

In diesem Augenblick veränderte sich mein ganzes Leben. Plötzlich hatte ich ein klares Ziel. Ich wusste, was ich wollte, und sagte mir, jetzt oder nie. Es lag in meiner Hand, meinen Traum wahr zu machen und mein Leben zu verändern. Ich hatte einen neuen Kampf zu kämpfen.

Ich fing an, in kleinen Schritten die Medikamente abzusetzen, und lernte langsam, ohne sie zu leben. Ich schrieb die Abschlussprüfungen an einem früheren Termin mit und erreichte in dem Halbjahr einen Notendurchschnitt von 1,4: das beste Ergebnis meiner gesamten Schulzeit. Und ich bekam 3600 Euro zusammen, indem ich Briefe an Freunde und Verwandte schickte und sie um eine Spende bat.

In der zweiten Januarwoche flogen wir. Die Reise dauerte 22 Stunden. Meine Begeisterung kannte keine Grenzen, als wir schließlich in dem kleinen Land Malawi landeten. Als das Flugzeug zum Stehen gekommen war, starrte ich auf weite grüne Flächen. Der Himmel war tiefblau und die Hügel schienen sich bis ins Endlose auszudehnen. Bananenstauden und Mais wuchsen überall ungehindert.

Der Flughafen bestand aus einer kurzen asphaltierten Bahn und einem Schuppen. Als ich aus der Tür trat und mir die drückende Feuchtigkeit entgegenschlug, begann ich jedoch, meine Entscheidung zu hinterfragen.

Es gab nichts außer Dörfern voller Armut und Krankheit. Allmählich verstand ich, dass Afrika kein Traum war und nicht das kühne Abenteuer, von dem ich als Kind geträumt hatte. Es war eine harte Wirklichkeit, die nun auch meine Wirklichkeit geworden war. Malawi ist das am dichtesten bevölkerte Land Afrikas und in der Zeit, zu der ich dort war, war jeder Dritte mit HIV/AIDS infiziert. Ich wusste, dass Malawi von der UNO zu den zehn ärmsten Ländern der Welt gezählt wird, aber nichts hätte mich auf das Leben hier vorbereiten können.

Die Straßen waren nichts als Staub und Dreck, von Bettlern gesäumt. Die meisten Bettler waren ausgemergelt und kurz vorm Verhungern. Manchen fehlte ein Arm oder ein Bein, andere waren blind. Ich sah eine Frau, die nur Lumpen trug und völlig verdreckt war. Sie war so schwach, dass sie kaum noch aufrecht sitzen konnte. Und sie hatte ein kleines Baby dabei, an dem nur Dreck und eine Stoffwindel klebten. Die Frau legte das Kind einfach auf den Betonboden, wo es stundenlang liegen blieb, während sie dasaß und bettelte.

Ein blinder Mann saß vor einem Buchladen und spielte auf einer selbstgemachten Flöte. Ich gab ihm ein bisschen Geld, aber anstatt es in den Eimer zu werfen, berührte ich lieber seine Hand. Wahrscheinlich wollte ich ihm einfach zeigen, dass jemand da war. Er schenkte mir ein zahnloses Lächeln und versteckte das Geld in seinem Lendentuch. Beim Weitergehen hörte ich ihn schreien, als zwei Polizisten ihm seine kleine Dose mit Münzen abzuringen versuchten. Die Polizisten gewannen und gingen weg, aber ich sah, wie der alte Mann in sein Tuch griff und nach dem Geld tastete, das er gerettet hatte.

Englisch ist in Malawi Amtssprache und daher suchen die Schulen immer Englischlehrer. Ich ergriff die Gelegenheit und half im Bibelinstitut *Likabula* bei den Vier- bis Sechsjährigen mit.

Da die Kinder noch nie einen hellhäutigen Menschen aus nächster Nähe gesehen hatten, schrien sie zunächst jedes Mal, wenn ich den Raum betrat. Wenn ich dann lächelte, rannten sie weg. Also ging ich es langsam an und setzte mich neben den Eingang unseres einzigen Schulzimmers. Das nächste Mal rückte ich näher und setzte mich auf die Strohmatten, auf denen auch die Kinder saßen; noch immer hatten die Kinder Angst vor mir. Für mich war es traurig, dass ich sie so sehr erschreckte, aber die Lehrerin machte mir Mut zum Durchhalten.

In der Klasse war ein besonders mutiger Sechsjähriger namens Gift. Er war nicht nur tapfer, sondern auch ein richtiger kleiner Angeber. Als ich zum vierten Mal im Unterricht dabei war, stand ich mit dem Rücken zu den Kindern über einen Tisch gebeugt. Da spürte ich einen kleinen Stups von der Seite, und als ich mich umdrehte, sah ich Gift. Er machte einen ängstlichen Satz nach hinten und rannte dann mit aufgeregtem Geschrei davon, als hätte er gerade etwas Ekelhaftes wie eine Wanze oder etwas Schleimiges angefasst. Sobald die Kinder begriffen hatten, dass ich nicht giftig war, hörte das Schreien auf.

Ich weiß nicht, wie viel Englisch ich ihnen tatsächlich beibrachte, aber das gemeinsame Lachen wurde unsere Universalsprache.

Etwa einen Kilometer von unserem Haus entfernt befand sich ein Waisenhaus. Während einer unserer Touren durch das Land besuchten wir das Haus im Kolonialstil mit seinen endlosen Wäscheleinen, an denen lauter Babykleidung trocknete. Als wir das sehr saubere, einladende Haus betraten, ging es gleich auf die Terrasse, auf der sich alle Babys befanden – 35 herumliegende Säuglinge.

Das Kinderheim *Open Arms* (Offene Arme) wurde einer meiner Lieblingsorte. Die Aufgabe des Heims war die Versorgung von mutterlosen Kindern bis zum Alter von zwei Jahren. Danach wurden die Kinder in ihre Dörfer zurückgeschickt, wo sie von Verwandten großgezogen wurden. 65 % der Kinder starben in *Open Arms*; die Leiter wollten solchen Kindern bis zu ihrem Tod vor allem Trost und Liebe schenken.

Lewis war im Dezember geboren und sein winziger Körper passte in meine hohle Hand. Er war kaum mehr als ein kleines Skelett. Schon beim ersten Anblick eroberte er mein Herz. Er war sehr brav und weinte fast nie, obwohl er deutlich sichtbar unter riesigen Schmerzen litt.

Als ich ihn zum ersten Mal auf dem Arm hatte, wurde mir bange, weil er fast nichts wog und ich nur seine Wärme in meinem Arm spürte. An dem Tag nahm ich mir fest vor, ihn jeden Tag auf den Arm zu nehmen.

Lewis' Mutter war bei der Geburt gestorben und so blieb er mit seiner Zwillingsschwester Paulina bei der Großmutter. In ihrer Region war Milch sehr teuer, da es fast keine Kühe gab, und so fütterte sie die Neugeborenen in den ersten Lebensmonaten mit Coca-Cola. Schließlich wurden sie von einer Sozialeinrichtung ins Waisenhaus gebracht.

Ich besuchte Lewis jeden Tag und sah, wie er wuchs und sich Stückchen für Stückchen entwickelte. Er schlief viel, doch wenn ich kam, wachte er immer auf und wollte spielen. Dann legte er sein Köpfchen an meine Brust, wo er mein Herz schlagen hörte, und schlief wieder ein. Er war sehr krank, doch wie durch ein Wunder blieb er am Leben.

Ruth war fünf Wochen alt, als sie ins Heim kam. Ich hatte noch nie ein so hübsches Baby gesehen. Ihre Haut war glatt und makellos. Ihre Augen waren braun und groß, sie hatte lange Wimpern und auf ihrem Kopf kräuselten sich perfekte Ringellöckchen. Die Kinderschwestern liebten sie. Wir waren alle begeistert, weil der Arzt sie für gesund befand. Doch bereits eine Woche später lag sie im Sterben. Sie hatte die tödliche Ruhr.

An einem Freitag kam ich ins Heim und sah Ruth in ihrem Bettchen liegen, sie war in eine leuchtend rosa Decke eingehüllt. Ich nahm sie auf und drückte sie an mich. Schnell merkte ich, dass sie ihren Körper nicht mehr unter Kontrolle hatte. Mit jedem Stoß von blutigem Durchfall wurde sie durchgeschüttelt. Die Pflegerinnen kamen mit dem Wickeln nicht mehr nach und so saß sie in ihrem eigenen blutigen Dreck. Ihre Haut war durchsichtig und ihr Mund mit Wunden übersät. Das Weiße in ihren Augen war grau geworden, die Augen rollten in ihren Höhlen hin und her. Sie schrie vor Schmerzen und ich erkannte, dass ich nichts tun konnte, außer ihr beim Sterben zuzusehen.

Ich drückte sie an mein Herz und sang: »Gott hält die ganze Welt« – das einzige Lied, das mir einfiel. Man rechnete damit, dass sie an diesem Tag sterben würde, aber innerlich war sie so stark, dass sie noch drei Tage länger lebte. Das ganze Wochenende über kam ich ins Waisenhaus und hielt sie den ganzen Tag lang auf dem Arm. Während ich ihre Schmerzen sah, bat ich sie eindringlich, einfach loszulassen. Ich versprach ihr, sie nie zu vergessen und ihre Geschichte nicht mit ihr sterben zu lassen. Ich sagte, ich würde diese Geschichte auf irgendeine Weise in die Welt tragen.

Träume können wahr werden, aber manchmal werden sie nicht so, wie wir sie uns vorgestellt haben. Manchmal sind sie stärker. Manchmal sind sie tiefgreifender.

Afrika war der Traum, der zu meiner Wirklichkeit wurde. Es war ein Kampf mitten im Krieg und ich weiß, dass ihn niemand gewinnen kann außer Gott. Ich bin bereit, wieder nach Malawi zurückzugehen, mit ihm zu arbeiten und für die Millionen AIDS-Waisen zu kämpfen. Ich möchte der Welt von Malawi erzählen, von seinen Nöten – und von Ruth, weil ich es ihr versprochen habe.

Meine Erfahrungen dort halfen mir, meine eigenen Kämpfe zu überwinden, denn ich sah Menschen, die in ihren Kämpfen völlig machtlos sind. Ich habe gesehen, unter welchen Bedingungen die Menschen in Malawi jeden Tag leben müssen, und meine Depressionen sind seither nicht wiedergekommen, weil ich weiß, dass die Menschen dort unaufhörlich viel schwerere Kämpfe bestehen müssen.

Ich bin ein ganz anderer Mensch geworden. Ich habe eine neue Sicht aufs Leben bekommen, habe echte Freude und echte Not kennengelernt. Außerdem weiß ich jetzt, dass es Dinge gibt, die ich nicht beeinflussen kann.

Und das Wichtigste ist die Erkenntnis, dass mein Traum letztlich größer war, als ich mir hätte vorstellen können.

Vanessa Hernandez, 17

MIT CHRISTUS FANGE ICH AN,
MIT CHRISTUS HÖRE ICH AUF

Weder Himmel noch Hölle, nichts in der ganzen Welt
kann uns jemals trennen von der Liebe Gottes,
die uns verbürgt ist in Jesus Christus, unserem Herrn.

Römer 8,39

Es war der 15. Mai. Es sollte ein perfekter Tag mit meinem Papa werden: ein richtiger Vater-Tochter Tag. Er hatte mich eingeladen, mit ihm in seine Gemeinde zu gehen, doch zunächst lief ich zu Mama, um sie zu fragen, ob ich gehen durfte. Sie sagte, ich dürfe schon, aber vielleicht wolle ich gar nicht mit. Nach einem kurzen Zögern erzählte sie mit leiser Stimme, dass ein Freund von mir, Chris Sechrist, in der vorherigen Nacht bei einem Autounfall ums Leben gekommen sei. Er war ganz normal auf seiner Spur unterwegs gewesen, als ein anderes Auto ins Schleudern geriet und frontal mit ihm zusammenprallte.

Ehrlich gesagt, glaubte ich ihr nicht. Allein der Gedanke, dass Chris weg sein könnte, schien einfach unmöglich. Weil ich aber herausfinden wollte, ob es stimmte, ging ich doch in unseren Gottesdienst, anstatt mit in die Gemeinde meines Vaters zu gehen. Und tatsächlich drehte sich der ganze Gottesdienst um Chris. Alle redeten von ihm und weinten.

Meine Mutter nahm mich mit zu dem Ort, wo Chris zum Abschiednehmen aufgebahrt worden war, weil ich unbedingt hinwollte. Auf dem Weg dorthin war ich sehr aufgeregt und fürchtete mich vor dem, was mich erwartete. Mir war bewusst, dass dies keine leichte Sache war. Ich atmete tief durch, öffnete die riesige Tür und trat ein. Wir gingen in den Raum, in dem Chris aufgebahrt war, trugen uns ins Gästebuch ein und blätterten sein Lebensalbum durch. Dann sah ich Chris' Leiche im Sarg liegen und erst in diesem Moment begriff ich endlich, dass er tot war.

Alle waren sehr freundlich, auch die Leute, die ich gar nicht kannte. Nachdem wir mit Chris' Vater geredet hatten, suchte ich Sherri, die Stiefmutter von Chris, bei der ich früher im Kinderchor gesungen hatte. Aus ihrem sonst so lebhaften Gesicht war alle Farbe gewichen und sie sah ganz verloren aus.

Als sie mich sah, rief sie meinen Namen und fiel mir weinend um den Hals. Es war total traurig, ihren Schmerz zu hören, der mit ihren nicht enden wollenden Schluchzern den ganzen Raum füllte. Ich wusste, dass ich überhaupt nichts für sie tun konnte; ich konnte das Geschehene nicht rückgängig machen und Chris zurückbringen. Auch ich fühlte mich hilflos. Vor Trauer fiel mir nichts ein, was ich hätte sagen können. Ich umarmte sie einfach sehr lang, bis ihr Weinen leiser wurde.

Sie ließ mich los, sah mich mit traurigen, verweinten Augen an und flüsterte kaum hörbar: »Ich hab dich lieb.« Tränen liefen ihr die Wangen hinunter.

Ich kann nicht ausdrücken, wie schwer es war, die Worte auszusprechen: »Ich habe dich auch lieb.«

Meine Stimme versagte mitten im Satz und der Rest klang wie ein Krächzen. Wir verloren beide wieder die Fassung und weinten noch eine Weile, diesmal zusammen.

Bei einem Blick über ihre Schulter hinweg sah ich, dass auch zahlreiche andere Leute weinten. So vielen Menschen hatte Chris so viel bedeutet. Von ihm Abschied zu nehmen war sehr schwer. Er hätte in seinem Leben noch total viel vor sich gehabt. Nur Gott weiß, warum er nicht bleiben durfte und erleben konnte, wie seine Träume wahr werden.

In der Nacht darauf wälzte ich mich im Bett hin und her und konnte nicht einschlafen. Also begann ich zu beten. Die ganze Nacht durch betete ich, ungefähr sechs Stunden lang. Danach war ich zwar erschöpft, hatte aber mehr Frieden über den Tod von Chris. Gott erhörte mein Gebet und schenkte seinen Frieden, er füllte mein trauriges Herz mit dem trostvollen Gedanken: *Und der Frieden Gottes, der alles menschliche Begreifen weit übersteigt, wird euer Denken und Wollen im Guten bewahren, geborgen in der Gemeinschaft mit Jesus Christus.*

Ich erinnerte mich an einen Satz, den Chris immer gesagt hatte: »Mit Christus fange ich an, mit Christus höre ich auf, ich, Christopher Sechrist.« Für ihn war das kein dahingesagter Spruch. Ich erkannte, dass er durch seinen Glauben immer an der Hand Christi gegangen war und dass ihn überhaupt nichts von Jesus hatte trennen können.

Trotz Schmerz und Verlust lernte ich etwas: Ich weiß jetzt, wie unendlich kostbar wir füreinander sind. An jenem Abend bei der aufgebahrten Leiche von Christopher spürte ich, wie wichtig ich für Sherri war. Es war ein schönes Gefühl, für sie da zu sein. Ich durfte lernen, dass jeder auch in scheinbar hoffnungslosen Momenten dem anderen helfen kann. Es kommt nicht auf unser Alter oder unsere Erfahrung mit solchen Situationen an.

Der Tod von Chris zeigte mir auch, dass wir nicht warten sollen, bis wir erwachsen sind, wenn wir etwas bewirken wollen. So furchtbar es auch war, sein Sterben hat wirklich mein Leben verändert. Es schenkte mir die Einsicht, dass Vergebung sehr bedeutsam ist und dass die wichtigste Frage immer die ist, wie wir miteinander umgehen, solange wir zusammen auf der Erde sind.

Tanner Puryear, 13

JOYS TRÄNEN

Auch wenn er uns Leiden schickt, erbarmt er sich doch
wieder über uns, weil seine Liebe so reich und groß ist.
Klagelieder 3,32

Ich habe eine Freundin – nennen wir sie *Joy*. Joy hat ein sehr schweres Leben: Ihre Eltern sind geschieden und sie mag den neuen Freund ihrer Mutter nicht. Auf einer Jugendfreizeit unserer Gemeinde war Joys Mutter einmal als Begleitperson dabei und blamierte Joy bis auf die Knochen. Doch Joy kümmerte sich um ihre Mutter und sagte kein Wort dazu – sie zeigte ihrer Mutter die Liebe Christi, obwohl diese sie sehr verletzt hatte.

Eine Eigenart von Joy ist, dass sie nie weint und es sich nie anmerken lässt, wenn sie traurig ist. Sie ist immer für andere da, hört zu, kümmert sich, muntert auf, lacht und ist für jeden Spaß zu haben – aber sie macht sich nie so sehr verletzlich, dass sie weint.

Als wir in der neunten Klasse waren, kam Joy an einem schönen Frühlingstag zu mir und erzählte, dass ihre Mutter schwanger war, dass der Vater des Kindes ihre Mutter schlecht behandelte und dass sie nicht wusste, was sie tun sollte. Eine Woche später erzählte sie mir, dass es in der Schwangerschaft Komplikationen gegeben und ihre Mutter eine Fehlgeburt gehabt habe. Joy weinte nie. Wir redeten über die Tatsachen und das war alles.

Das Leben ging in schnellem Tempo weiter. Der Sommer kam. Das Leben war schön – zumindest ereignisreich. An einem Tag im Juli rief mein Vater meine Brüder und mich hoch ins Elternschlafzimmer.

»Etwas Wunderbares ist passiert: Wir sind wieder schwanger!«, sagte er.

Das war eine tolle Nachricht, aber innerlich rang ich damit. *Warum jetzt? Bestimmt hat das auch Auswirkungen auf mein Leben.* Das waren meine egoistischen Gedanken. Ich wurde wütend auf das Leben, denn es war unmöglich, auf Gott wütend zu werden. Einen Monat lang ging es so, aber dann merkte ich, wie falsch ich lag, und schloss mein ungeborenes Geschwisterchen bereits in mein Herz.

Zur zweiten Ultraschalluntersuchung im Oktober kam meine ganze Familie mit, jeder wollte einen ersten Blick auf unseren kleinen Bruder erhaschen, den wir Zacharias David genannt hatten. Die Krankenschwester war beängstigend still. Dann verließ sie den Raum und sprach mit dem Arzt. Er sagte uns, dass bei Zachy Probleme aufgetreten seien und er es vielleicht nicht bis zur Geburt schaffen würde.

Totenstille dominierte unsere Heimfahrt. *Oh Herr, bitte nicht, jetzt habe ich ihn so lieb,* schrie mein Herz. *Warum wir, warum unser Baby?*

Die Atmosphäre zu Hause war angespannt, aber hoffnungsvoll. Gottes Wille sollte geschehen. Ich wartete im Bewusstsein, dass die Wirklichkeit mir ins Gesicht schlagen konnte, im Bewusstsein, dass etwas Bedeutsames geschah, und im Bewusstsein meiner eigenen machtlosen Bedeutungslosigkeit.

Zwei lange Wochen folgten: Sie waren angefüllt mit Schule, Arztbesuchen und Ungläubigkeit. Endlich kam der Tag, an dem Mama den nächsten Ultraschall hatte. Als sie mit Papa heimkam, schaute ich in ihr Gesicht und wusste Bescheid. Die Zeit blieb stehen. Wieder wurde ich an meine Hilflosigkeit erinnert. Ich konnte den Schmerz meiner Mutter und meiner Familie nicht wegnehmen. Mein geliebter Zachy war tot.

Der nächste Tag war schrecklich. Wie ein Zombie lief ich in der Schule herum. Ich konnte nicht weinen. Ich wollte gerne, aber es kamen keine Tränen. Am Abend ging ich ins Krankenhaus. Zacharias David war da. Er passte in meine beiden Hände, angeschwollen, rot und einfach wunderschön. Ich hielt ihn in der Hand und die Tränen kamen. Meine Familie weinte um ihn und betete. Ich fühlte mich unglücklich, hintergangen.

Eine Freundin nahm mich an dem Abend noch mit in die Gemeinde. Der Gottesdienst war schon zu Ende, aber alle Leute waren noch da. Ich stolperte mit verschwommenem Blick in den Gottesdienstraum und landete direkt in den Armen von Todd, unserem Jugendpastor. Auch Joy war da. Sie breitete ihre Arme aus und ich sah ihre Augen. Sie waren voller Tränen, und als ich auf sie zuging, liefen ihr Tränen über die Wangen. Sie schloss mich einfach in die Arme und die Tränen kullerten still aus ihren haselnussbraunen Augen. Nicht ein einziges Mal hatte Joy die Beherrschung verloren und wegen sich selbst geweint; aber für mich machte sie sich jetzt verletzlich, ohne sich zu schämen.

»Aria, ich hab's gehört. Es tut mir so leid«, flüsterte sie und drückte mich fest an sich.

Lange Zeit standen wir einfach da und weinten zusammen.

Der nächste Monat war ein dunkler Monat in meiner Familie, da sich jeder mit dem Tod abfinden musste und jeder seine eigenen Kämpfe durchstand, die ihm keiner abnehmen konnte. Die Kämpfe waren schwer und der Weg war lang, aber ich dachte immer wieder an Joys Tränen, die sie so schmerzvoll und liebevoll vergossen hatte.

Ich dachte an sie, als meine Mama darum kämpfte, einfach weinen und loslassen zu können, und dann weiterzuleben, ohne ihr Leben vom Tod besiegen zu lassen.

Ich dachte an sie, als sich der nächste Monat dahinschleppte, als ich von Depressionen eingeholt wurde.

Ich dachte an sie und erkannte, dass Joy endlich durch diese Tränen dem Tod mutig ins Gesicht geschaut hatte. Gott hatte Zachy benutzt, um Joy zu helfen. Gott hatte Zachy auch für mich benutzt und mir etwas über sich selbst gezeigt. Sogar in dieser kurzen Zeit hatte Gott mich durch Zachy beschenkt.

Meine Erinnerungen sind gut, obwohl es ein schlimmer Kampf war, als ich fragte: »Warum«, »wie« und »wie kann Gott das zulassen?« Der Tod ist schmerzlich und unsere menschliche Natur zweifelt fast in den Momenten des Todes automatisch an Gottes unendlicher Liebe – doch Joys Tränen haben mir etwas anderes gezeigt. In ihren Tränen und den Tränen anderer Menschen sah ich, wie Gott jeden von uns geplant, geliebt und geformt hat – meine Familie, Zachy, Joy – und uns einander geschenkt hat. Er hat jeden Menschen einzigartig geschaffen und für jeden von uns hat er Pläne.

Aria Guy, 15

EIN GOTT VOLLER LIEBE

4

... Gott ist Liebe. Wer in der Liebe lebt,
lebt in Gott, und Gott lebt in ihm.

1. Johannes 4,16

... Ich bitte ihn, dass ihr fest in seiner Liebe wurzelt und
auf sie gegründet seid. Ich bitte ihn, dass ihr ... begreifen
lernt, wie unermesslich reich euch Gott beschenkt.
Ihr sollt die Liebe erkennen, die Christus zu uns hat
und die alle Erkenntnis übersteigt. So werdet ihr immer
umfassender Anteil bekommen an der ganzen Fülle
des Lebens mit Gott.

Epheser 3,17–19

Denn seine Güte zu uns ist übergroß und
seine Treue hört niemals auf. Preist den Herrn.

Psalm 117,2

DURCH GOTTES GNADE

Er, unser Herr, hat mir seine Gnade im Überfluss
geschenkt und mit ihr den Glauben und die Liebe,
die aus der Verbindung mit ihm erwachsen.

1. Timotheus 1,14

Ich war in der neunten Klasse, das erste Jahr an der *Highschool.* Die Theater-AG, Cheerleading und ein Einserdurchschnitt füllten einen Großteil meiner Zeit aus, bis ich ihn kennenlernte.

Er war in meiner Klasse. Er war Sportler, Sänger und auch Christ – zumindest dachte ich das. Wahrscheinlich ging ich davon aus, dass unsere Beziehung durch sein Christsein vor den sexuellen Verlockungen geschützt sei, mit denen andere Teenager in ihren Beziehungen zurechtkommen müssen. Absoluter Quatsch!

Wir wurden ein Paar und in dem Sommer zwischen der neunten und zehnten Klasse wurde unsere Beziehung sehr körperlich. Ich hatte keine Ahnung, wie weit wir gehen konnten. Kein einziges Mal sprachen wir über Grenzen, waren aber oft allein zusammen. In dieser Zeit legte ich meine Beziehung zu Christus beiseite und verschob meine Prioritäten so, dass ich möglichst viel Zeit mit meinem Freund verbringen konnte. Ich vernachlässigte meine Freunde und verbrachte meine gesamte Freizeit mit ihm. Darum konnte ich auch keinen Rat von meinen Freunden bekommen, als ich ihn dringend gebraucht hätte. Es gab niemanden, der mich hinterfragte oder gegenüber dem ich mich verantworten musste.

Nach dem Herbstball in der zehnten Klasse gingen

wir heim in die Wohnung, in der ich mit meiner Mutter wohnte. Sie schlief bereits tief und fest. In jener Nacht verloren wir unsere Unschuld. Danach lag eine unheimliche Schwere auf meinem Herzen und ich empfand große Schuldgefühle. Doch einige Tage später konnte ich mir meine Schuld ausreden und Sex wurde ein regelmäßiger Bestandteil unserer Beziehung.

Obwohl in meinem Inneren Chaos herrschte, gelang es mir, äußerlich eine perfekte Fassade zu pflegen. Meine Noten waren noch immer gut und meine Eltern hielten mich für einen Engel.

Ein paar Mal waren wir kurz davor, beim Sex erwischt zu werden. Einmal lagen wir beide völlig nackt in meinem Zimmer, alles war dunkel, und nur weil es meiner Mutter zu peinlich war, im Schlafanzug gesehen zu werden, traute sie sich nicht aus ihrem Zimmer. Doch von ihrer Tür aus rief sie mir etwas zu, denn sie wollte wissen, ob ich »den ganzen Lärm« mache. Kaum zu glauben, dass sie kein einziges Mal hereinkam.

Nach über einem Jahr wurde die Beziehung langweilig und brüchig. Mein Freund entfernte sich von mir und verbrachte immer mehr Zeit mit seinen Freunden, die viele Dummheiten anstellten. Deshalb versuchte ich, ihn mit Sex an mich zu binden. Im September unserer elften Klasse kam dann der Höhepunkt: Mein Freund bekam ernsthaften Ärger mit der Polizei … und ich war plötzlich schwanger.

Meine morgendlichen Sorgen bestanden nun nicht mehr aus der Frage, was ich anziehen soll, sondern ich hatte einen starken Brechreiz und wusste manchmal nicht, wie ich es bis zur Schule schaffen sollte. Meine Mutter wurde misstrauisch und brachte mich zum Arzt.

Die gefürchtete Stunde der Wahrheit kam, als der Arzt mit einem positiven Schwangerschaftstest zurückkam. Es war der schwerste Moment meines Lebens, als ich meiner Mutter in die Augen schauen und ihr erklären musste, wie das hatte passieren können. Verzweifelt log ich, dass wir es nur ein paar Mal gemacht hätten.

Sie war total fertig. Mein Vater wurde sehr wütend, als er es hörte, und meine drei großen Schwestern waren schockiert. Dank Gottes Gnade unterstützten sie mich letztlich alle sehr.

Trotz seiner Beteuerungen, sich zu bessern und sich mit um das Kind zu kümmern, lief mein Freund vor der ganzen Situation davon.

Am Ende des elften Schuljahrs, von dem ich das meiste verpasste, kam mein Sohn zur Welt. In den Sommerferien hatte ich Zeit, das Muttersein zu üben, und dann ging es im September wieder zur Schule, mein letztes Schuljahr. Diesmal musste ich mehr Fächer belegen, um das im Vorjahr wegen der Schwangerschaft Verpasste aufzuholen.

Es entstanden unzählige Stresssituationen, mit denen ich irgendwie zurechtkommen musste. Ich stillte noch, als die Schule wieder anfing, und ich weiß noch, wie ich einem Lehrer vor der vierten Stunde erzählte, dass ich vielleicht manchmal später kommen würde, weil meine Milch immer ungefähr um diese Zeit auslief und ich meine Stilleinlagen wechseln müsse. Er war ein ganz neuer Referendar und sein Gesichtsausdruck war zum Schreien.

Abends legte ich mein Kind schlafen und kämpfte dann gegen die Müdigkeit an, bis ich alle Hausaufgaben geschafft hatte.

Zusätzlich jobbte ich jedes Wochenende, um die Krankenhauskosten abzubezahlen.

Da ich die Ausgaben für das Baby kaum allein finanzieren konnte, beantragte ich verschiedene Arten von Sozialhilfe. Ich erhielt Lebensmittelmarken, mit denen der Einkauf im Supermarkt ein echtes Erlebnis wurde. Mir schien immer, als wären alle Augen auf mich gerichtet, während die Kassiererin jede einzelne Marke zählte und stempelte.

Der Druck und das Trauma verstärkten sich noch dadurch, dass der Vater des Kindes von einer Party zur andern zog und mit anderen Mädchen schlief – es brach mir das Herz.

Mein Traum, eines Tages ein süßes kleines Baby im Arm zu wiegen, ihm ein Kinderzimmer einzurichten mit allem, was das Herz begehrt, und den Vater dabeizuhaben, dieser Traum war so weit von meiner Wirklichkeit entfernt, dass ich anderswo nach Rettung suchen musste. Ich konnte nicht mehr. Ich brauchte mehr Hilfe, als mir je ein Mensch geben konnte. Ich brauchte Gott. Je mehr ich diese Tatsache begriff und akzeptierte, desto einfacher wurden die Dinge.

Es war schwer, die frühere Beziehung zu meinem Freund loszulassen. Immer noch hatte ich das Bedürfnis, sie wieder aufzubauen; wegen des Kindes wünschte ich mir eine funktionierende Beziehung. Schließlich musste ich annehmen, dass Gott es besser weiß, ich konnte loslassen und auf den Herrn schauen.

Im Juni schaffte ich meinen Schulabschluss mit einer sehr guten Note. Jetzt war ich bereit weiterzugehen und ins Erwachsenenleben einzutreten. In dieser Zeit erkannte ich, welche Wirkung das ständige Gebet meiner Familie hatte. Ich fand eine neue Gemeinde und erneuerte meinen Glauben an Christus. Aber vor allem konnte ich erkennen, dass Gott mich noch liebte und mich mit offenen Armen erwartete, egal, was ich getan hatte.

Mit diesem Geschenk der Gnade fing ich ein neues Kapitel in meinem Leben an. Dieses Mal wollte ich meine Beziehung zu Gott nicht aufs Spiel setzen. Dieses Mal würde Gott an dem Platz bleiben, wo er hingehört – in der Mitte.

Ami Garcia

Da fragten sie ihn: »Was müssen wir denn tun,
um Gottes Willen zu erfüllen?« Jesus antwortete:
»Gott verlangt nur eins von euch:
Ihr sollt den anerkennen, den er gesandt hat.«

Johannes 6,28–29

Als Jugendpastor gerate ich oft in ungewöhnliche, herausfordernde Gespräche, bei denen tolle junge Leute zu mir kommen, einen Haufen Verletzungen und Lasten auf meinem Schreibtisch abladen und auf meine Hilfe hoffen. Sie wissen, dass ich mich über sie freue und dass sie immer zu mir kommen können.

Eines Nachmittags kamen zwei Schwestern zu mir. Sie waren den Tränen nahe und brachten eines der traurigsten Geständnisse vor, die ich je gehört habe – zwar keine hochdramatische Enthüllung, aber eine unglaublich bewegende Aussage, die mich ins Nachdenken darüber brachte, wie ich den Teenagern von Gottes Liebe erzählen soll.

Damit unsere behütete Kleinstadtjugend einen Blick für die große Welt bekäme, hatte ich eine Jugendbibliothek angeschafft, die wir im Jugendraum einrichteten. Die Teens machten regen Gebrauch von den Geschichten über Menschen, die viel falsch gemacht hatten, bis sie in Jesus Christus Hoffnung und Befreiung fanden: Prostituierte entdeckten Gottes Licht, Diebe krempelten ihr Leben um, nachdem sie von Gottes Liebe gehört hatten, Drogenbosse, Betrügerinnen und Gangster veränderten sich und folgten Jesus nach.

Es gab Geschichten von Spionen, die früher die Kirche verfolgt hatten und sich jetzt mit großem Eifer für sie einsetzen. Viele Geschichten tauchten in unseren Jugendstunden wieder auf, wenn jemand erzählte, was er aus einem Bericht gelernt hatte. Beim Zeltlager erzählten wir dann Hunderten von Kindern von den Spuren, die diese Geschichten in unserem Leben hinterlassen haben. Die Herausforderungen dieser Lebenszeugnisse trugen viele Früchte: einige Teenager sprachen davon, dass sie in den vollzeitlichen Dienst für Gott gehen oder Missionare werden wollten. Diese Bibliothek war eine geniale Idee von mir gewesen – nahm ich zumindest an.

Es war ein trister, verregneter Nachmittag, als die zwei Schwestern, die beide in die Oberstufe gingen, mein Büro betraten. Normalerweise sprühten die Mädchen vor Energie und Lebensfreude. Heute machten sie einen traurigen Eindruck und die Jüngere war ein wenig aufgeregt. Beide schienen den Tränen nahe. Ich fragte mich sofort, ob jemand gestorben war.

Sie sagten, sie wollten mit mir über ihr Leben und ihre Beziehung zu Gott reden. Die ältere Schwester fing an und sagte, sie habe Zweifel, ob sie überhaupt Christ sei. Ihre Schwester nickte dazu. Beide rangen um ihren Glauben und wollten wissen, wie sie richtige Christen werden konnten.

Das kam für mich absolut unerwartet. Ich fragte, warum sie sich so unsicher seien. Ich wusste mit absoluter Sicherheit, dass beide Mädchen für Gott lebten und Jesus lieb hatten. Sie waren immer begeistert dabei, wenn es darum ging, anderen Menschen zu helfen. Doch nun sah ich mit eigenen Augen ihre Zweifel und Ängste und konnte mir beim besten Willen die Ursache nicht erklären.

…western wollten mir die Sache in unserem …raum erläutern. Schweigend gingen wir auf die …ere Seite des Gebäudes und mit jedem Schritt wurde meine Besorgnis größer. Die Mädchen hielten ihren Kopf gebeugt und wichen meinem Blick aus. Ich wurde immer unruhiger.

Im Jugendraum gingen sie geradewegs zum Bücherregal mit den Lebenszeugnissen der Menschen, die verloren gewesen und jetzt gerettet waren. Mit schwacher Stimme erklärte die ältere Schwester, wie diese Bücher ihr gezeigt hätten, dass sie kein Christ sein könne.

»Ich habe nie etwas gemacht, das böse genug oder schlecht genug ist, damit ich so viel Liebe von Gott bekommen kann wie diese Leute. Gott hat sie aus einem schrecklichen Leben gerettet, aber ich habe nicht solche Sachen gemacht. In den ganzen Büchern steht, dass Gottes Liebe für die Leute greifbar wird, weil sie so lange Zeit gegen ihn gelebt haben. Aber ich habe eigentlich mein ganzes Leben lang versucht, ein guter Mensch zu sein und nach Gottes Willen zu leben. Ich habe noch nie Drogen ausprobiert. Ich trinke keinen Alkohol. Ich bin noch Jungfrau und will immer das Richtige tun. Es gibt nichts, wovon Gott mich retten muss.«

Ich war fassungslos. Meine kostbare Bibliothek voller Geschichten von Betrügern und Halunken vermittelte diesen wunderbaren Mädchen die falsche Botschaft, und wahrscheinlich den anderen Jugendlichen ebenso. Sie meinten, man müsse ein Mensch mit großer Sünde sein, um von Gott geliebt zu werden. Mir wurde klar, dass ich darüber genauer nachdenken musste.

In den nächsten Wochen erzählte ich den Teens in der Jugendstunde, wie sehr Gott sich über sie freut, weil sie von ganzem Herzen ein Leben führen, das Gott ehrt. In unmittelbarer Nähe zu dem Regal mit meinen vielgepriesenen Lebenszeugnissen berichtete ich ihnen von dem besonderen Segen, den Jesus in Johannes 20,29 verspricht: »Du glaubst, weil du mich gesehen hast. Freuen dürfen sich alle, die mich nicht sehen und trotzdem glauben!«

Daraus entstanden tiefgründige Diskussionen über ein Leben für Gott, durch die wir alle mehr Einsicht bekamen: Gott befreit uns liebevoll und gerne von allem in unserem Leben, was ihm entgegensteht.

Wir lernten, dass es viel besser ist, für Gott ohne die Lasten furchtbarer Sünde zu leben, die das Leben trotz Umkehr oft noch belasten. Für uns alle ist es viel besser, uns von Anfang an für Gott zu entscheiden und die dramatische Rebellion zu vermeiden, die viele Menschen leider durchmachen müssen.

In den letzten 20 Jahren hat die Lektion dieser zwei Schwestern meine Jugendarbeit geprägt. Die Verlorenen sind Gott sehr wichtig, aber die Gefundenen sind genauso wertvoll und nach Jesu Worten haben sie sogar einen besonderen Segen für sich allein.

Pfarrer Mark A. Simone

LIEBE EMPFANGEN, LIEBE WEITERGEBEN

Denn ich war hungrig und ihr habt mir zu essen gegeben;
ich war durstig und ihr habt mir zu trinken gegeben;
ich war fremd und ihr habt mich bei euch aufgenom-
men; ich war nackt und ihr habt mir etwas anzuziehen
gegeben; ich war krank und ihr habt mich versorgt;
ich war im Gefängnis und ihr habt mich besucht.

Matthäus 25,35–36

Es geschah an einem typischen Herbstmorgen im kalifornischen Sacramento: der kalte, weiße Nebel hing in der Luft wie eine feuchte Decke. Seit ungefähr einem Jahr arbeitete ich als Pastor in einer Gemeinde und noch immer hatte ich mich nicht ganz an die Anforderungen dieses Dienstes gewöhnt. Ich arbeitete allein im Gemeindebüro und hatte so viel zu tun, dass ich draußen nicht einmal den Farbwechsel der Jahreszeiten wahrnahm. An so einem Tag kam er herein.

Er war ungefähr einen Meter neunzig groß, ein langer, dünner Schwarzer mit dünnem Haar und einem traurigen, müden Gesichtsausdruck. Seine schmutzige Jeansjacke war genauso zerrissen wie sein Army-Seesack, den er über der Schulter trug. Er sah aus wie auf der Durchreise. Ein Landstreicher.

Als er eintrat, begab ich mich sofort unbewusst in Lauerstellung. *Wer ist dieser Typ? Will er mich ausrauben?*

Er jedoch sagte nur höflich »Guten Tag« und fragte, ob er von der Kirche eine Bibel bekommen könne.

Ich habe keine gute Menschenkenntnis, aber er schien es ernst zu meinen. Wir kamen ins Gespräch.

136

Es stellte sich heraus, dass er in unserer Nähe hinter einem Supermarkt hauste. Er ernährte sich von altbackenen süßen Teilchen, die die Bäckerei hinter dem Laden abgestellt hatte. Ich gab ihm eine Bibel und aus unerfindlichen Gründen spürte ich den Drang, ihm noch etwas Gutes zu tun. Also nahm ich einen Stift, schrieb ihm meine Telefonnummer von zu Hause auf und sagte, er könne mich anrufen, wenn er Hilfe brauche.

Als er gegangen war, sprach ich zwei kurze Gebete: Erstens bat ich um Bewahrung und Sicherheit für ihn; und zweitens bat ich Gott, dass der Mann nicht anrufen möge. *Bitte, Herr,* dachte ich. *Mach, dass er nicht wieder vorbeikommt. Du kannst dir gar nicht vorstellen, wie viel ich im Moment zu tun habe.* Seitdem habe ich gelernt, nie wieder so zu beten.

Am selben Abend rief er mich an. Er fragte, ob er bei uns übernachten dürfe. Als ich im Auto saß, um ihn abzuholen, gingen mir tausend Gedanken durch den Kopf. *Was tue ich mir gerade an? Dieser Typ kann mich erstechen, ausrauben und in den Fluss werfen. Und ich nehme ihn mit zu mir nach Hause, zu meiner Frau und unseren zwei kleinen Kindern. Was mache ich da?* Es gab an dieser Situation jedoch etwas, was ich nicht ignorieren konnte. Irgendwie spürte ich, dass es von Gott kam. Gott wünschte sich von mir diese Tat. Also holte ich ihn ab und nahm ihn mit nach Hause, wir gaben ihm Essen, er durfte ein langes, heißes Bad nehmen und sich rasieren.

An jenem Abend hörten meine Frau und ich seiner Geschichte zu und halfen ihm durch seine Tränen. Dann beteten wir mit ihm und im Laufe des Abends wurde für mich aus diesem gesichtslosen Landstreicher eine Person.

Keith war Profiboxer gewesen und befand sich nun am Ende seiner Karriere. Früher hatte er einmal auf der Top-Ten-Liste des weltweiten Boxverbandes WBA gestanden, aber jetzt war seine Zeit abgelaufen. Seine Eltern waren gläubige Sieben-Tage-Adventisten und sein Vater war Schwergewichtsboxer gewesen, hatte sogar gegen Muhammad Ali gekämpft und war mit dem großen Boxer George Foreman befreundet.

Keith hatte sich in schwierige Beziehungen zu Leuten verstrickt, deren Leben in jeder Hinsicht von Drogen bestimmt war, und irgendwo hatte er auch noch eine Ehefrau und drei Kinder. Mitten in all dem unglaublichen Pech, das er gehabt hatte, und den ebenso unglaublich falschen Entscheidungen, die er getroffen hatte, hatte er beschlossen, vor seinem Leben davonzurennen. Deshalb lebte er jetzt dieses Leben ohne jeglichen Kontakt zu seiner Familie.

An jenem Tag wusste ich noch nicht genau, *was* Gott vorhatte, aber ich wusste, *dass* er etwas vorhatte. Ich konnte nur erkennen, wie Gott Keith mit aller Kraft zu sich zog – er wollte ihn bei sich haben und sein Leben von Grund auf verändern. Allerdings bemerkte ich nicht, dass Gott auch meine Sichtweise veränderte, er erlaubte mir, Menschen so zu sehen, wie er sie sieht – mit Mitgefühl, Güte, Erbarmen und Liebe.

Eine Woche lang fuhren wir Keith hin und her, kauften ihm Klamotten und waren einfach zum Reden für ihn da. Nach dieser Woche begann er allmählich, die Beziehung zu seinen Eltern wieder aufzubauen, er löste seine Beziehungen zur Drogenwelt und fand Arbeit. Wir besuchten sogar seine Familie und seine Heimatgemeinde. Es war ein bewegendes Bild, als meine Kinder im Haus seiner Eltern mit seinen Kindern spielten. In dieser ganzen Zeit war also eine echte Freundschaft gewachsen, Keith war nun mein Freund.

In den nächsten Jahren verlor ich Keith jedoch aus den Augen. Eines Tages zeigte mir dann jemand einen Artikel in unserer Regionalzeitung. Er handelte von einem großen, dünnen Superfedergewichtsboxer beim morgendlichen Joggen. Auf seinem Weg hatte er gesehen, wie dichter Rauch aus einem Haus quoll. Er rannte zu dem brennenden Haus, schlug ein Fenster ein und rettete die ganze Familie aus dem Haus.

Das war mein Freund gewesen, Keith.

Ich habe nie einen Menschen aus einem brennenden Haus gerettet. Ich bin kein Held wie Keith. Ich war einfach nur bereit gewesen, Keiths Freund zu sein.

Manuel Luz

UNTER ALLEM SCHUTT

Bittet und ihr werdet bekommen!
Sucht und ihr werdet finden!
Klopft an und es wird euch geöffnet!

Matthäus 7,7

Meine Eltern begannen die große Renovierung unseres Hauses, genau einen Tag bevor bei mir Kinderleukämie festgestellt wurde. Natürlich hätten sie sich so ein anstrengendes Projekt nicht vorgenommen, wenn sie etwas von meiner Krankheit geahnt hätten. Doch nun war ihr Haus plötzlich eine einzige Baustelle und ihre Tochter für mehrere Wochen im Krankenhaus. Ich musste mit Chemotherapie behandelt werden, wodurch mir alle Haare ausfielen. Das war schlimm. Ich weinte viel, weil mir diese schrecklichen Sachen passierten – die Spritzen und Operationen machten mich fertig.

In dieser Zeit fiel meiner Mama auf, dass in ihrem Ehering der Stein fehlte. Sie war todunglücklich, weil ihr der Ring sehr viel bedeutete. Es schien, als gehe alles kaputt, was ihr eine Menge bedeutete. Sie durchsuchte unser ganzes chaotisches Haus, das Auto, einfach alles, aber sie konnte den kleinen Diamanten nicht finden.

Einige Monate später, noch während meiner Chemotherapiezeit, bekam ich die Windpocken. Normalerweise sind Windpocken nichts Schlimmes, aber wenn man sie während der Chemotherapie bekommt, sind sie lebensgefährlich. Nun machten sich alle noch mehr Sorgen, aber wir beteten weiter, dass ich es überstehen würde.

Eines Tages fegte meine Oma in unserem Baustellenhaus den Bauschutt zusammen. Beim Fegen bat sie Gott um ein Zeichen, ob ich wieder genesen würde. Und noch bevor sie das Gebet beendet hatte, sah sie ein Funkeln in dem meterhohen Schutthaufen aus Dreck, Holzspänen und vielem anderen. Sie bückte sich und schaute nach. Mitten im Schutt lag der Diamant meiner Mutter. Da wusste meine Oma, dass ich wieder gesund werden würde. Und es stimmt: Ich bin gesund, es geht mir gut, seit achteinhalb Jahren ist meine Krankheit verschwunden.

Jedes Mal, wenn wir den Ehering meiner Mama anschauen, erinnern wir uns, wie Gott unser Gebet erhörte. Mit diesem Hoffnungszeichen gab er uns die Gewissheit, dass er sich um uns sorgt und uns hört.

Brooke Chandler, 13

ICH GEHE VORWÄRTS

Freuen darf sich, wer auf die Probe gestellt wird und
sie besteht; denn Gott wird ihm den Siegeskranz geben,
das ewige Leben, das er allen versprochen hat,
die ihn lieben.

Jakobus 1,12

Als ich in der achten Klasse war, starb mein bester Freund John an Leukämie. Ich fühlte mich total allein, denn er war der Einzige, der die Wahrheit über meine Familie wusste. Ich konnte den Missbrauch nicht mehr ertragen. Ich hielt es nicht mehr aus, dass in meinem Zuhause meine Sachen für Koks und Gras verkauft wurden. Ich hasste es, dass ich manchmal ein oder zwei Stunden lang still an einer Stelle liegen musste, damit die Bullen dachten, es sei niemand im Haus, weil sie sonst die Tür aufgebrochen und uns verhaftet hätten.

John war der Einzige, der sich um mich kümmerte, der mir das Gefühl gab, gemocht zu werden. Ich hatte zwar noch Verwandte, aber die hatten ihre eigenen Probleme. Sie konnten mich als zusätzliche Last nicht gebrauchen. Jeden Morgen, nach dem nächtlichen Missbrauch, saß John da und hörte zu, wie ich auf meine Familie schimpfte, und wenn ich in Tränen ausbrach, nahm er mich in den Arm und versprach, dass alles besser werden würde.

Lange Zeit glaubte ich ihm. Ich glaubte, dass mein alkoholkranker Vater aufhören würde mich zu schlagen und meine Mutter mich nicht mehr mit schmutzigen Wörtern beschimpfen würde. Ich glaubte, dass mein Cousin aufhören würde mich zu belästigen.

Nach fast drei Jahren war mein bester Freund plötzlich nicht mehr da. Er war eine Weile krank gewesen, aber ich hatte nie damit gerechnet, dass er wirklich sterben könnte.

Als John starb, stürzte ich in tiefe Depressionen. Ich glaubte nicht mehr, dass alles gut werden würde. Vielmehr sah ich keinen Sinn mehr für mein Leben und plante, mich umzubringen. Fast hätte ich es wirklich versucht, aber ich hatte große Angst und wollte meiner Mutter keinen Kummer machen. Meine Mutter war der einzige Mensch auf der Welt, den ich wirklich lieb hatte, auch wenn sie nicht immer für mich da war.

Monatelang grübelte ich, ob ich mich umbringen, weglaufen oder mit jemandem über mein Leben reden sollte. Ich weiß noch, dass ich einen Freund nach dem anderen hatte und nach Zuneigung suchte. Zuneigung bekam ich schon, aber jede Beziehung ging kaputt, wenn ich keinen Sex wollte. Ich hasste meinen Cousin wegen der Dinge, die er mir angetan hatte, und ich hasste ihn, weil ich mich wegen ihm schmutzig fühlte. Und die bitteren Gefühle ihm gegenüber machten mich noch depressiver.

Einige Monate später begann ich, auf die Einladung einer Freundin hin in eine einige Kilometer entfernte Gemeinde zu gehen. Mir wurde bewusst, dass ich zwar früher schon einmal Jesus in mein Herz aufgenommen hatte, aber ohne richtig zu wissen, was das bedeutete. In den nächsten Wochen lernte ich durch Gespräche mit dem Jugendpastor sehr viel über Jesus, und als ich seine große Liebe für mich entdeckte – so groß, dass er sein Leben für mich gab –, konnte ich es kaum fassen.

Zum ersten Mal nahm ich Jesus von ganzem Herzen in mein Leben auf. Langsam, aber sicher veränderte sich mein Leben. Ich legte alles in Gottes Hand und versprach ihm viele Dinge, zum Beispiel rein zu bleiben und mit aller Kraft für ihn zu leben.

Es war nicht immer einfach, aber zum Glück war mein Jugendpastor Keith immer da, um mir zuzuhören und mir auf den richtigen Weg zu helfen. Im Grunde nahm er mich in seine Familie auf und behandelte mich wie ein eigenes Kind. Wenn ich mit einer 3 nach Hause kam, schimpfte er mich genau wie seine eigenen Kinder. Eigentlich war er der einzige Vater, den ich je hatte. Wenn ich ein Problem hatte, ging ich zu ihm. Mein Vater war nie so für mich da gewesen, darum war ich sehr froh, Keith zu haben, der mir Wegweisung gab und nach mir schaute. Unaufhörlich beteten er und seine Frau Julie für meine Familie und den ganzen Sumpf, in dem sie lebte. Die beiden waren wunderbar.

Jetzt ist es schon vier Jahre her, dass ich Jesus in mein Leben aufgenommen habe, und fast alles an mir ist anders geworden. Ich bin ein sehr fröhlicher Mensch geworden und habe Spaß am Leben, ich engagiere mich in vielen Gruppen in der Schule und der Gemeinde. Meinen Freunden gehe ich manchmal auf die Nerven, weil ich so viel von Jesus rede. In der Schule nennen sie mich Miss Cartoon, weil ich nur Kinder- und Zeichentrickfilme ohne Altersbeschränkung anschaue, ich fasse keine Drogen und keinen Alkohol an, denn ich gebe mir große Mühe, Herz, Geist und Körper rein zu halten.

Ich habe nicht mehr einen Freund nach dem anderen und ich frage nicht mehr, wozu ich eigentlich lebe. Ich weiß, dass ich alles habe, was ich zum Leben brauche, und dass ich die eine wahre Liebe gefunden habe: Jesus. Ich bin sicher, dass eine wunderbare Zukunft vor mir liegt, und darum kann ich immer lachen. Oft fragen mich die Leute,

144

warum ich so fröhlich bin, und nicht wenige haben mich schon gefragt, auf welchem Trip ich gerade bin. Dann sage ich: »Das ist Jesus.«

Mir ist klar, dass ich nicht perfekt bin. Schon häufiger, als ich zählen kann, habe ich meine Lebensgeschichte vermasselt, dennoch bin ich optimistisch. Ich weiß, dass ich geliebt werde und gut aufgehoben bin, weil ich den Herrn habe.

Obwohl sich meine Familie bisher nicht verändert hat, bete ich weiter für sie, und auf jeden Fall merken sie, dass ich anders geworden bin. Es ist schwer, an diesem Ort zu leben, wo alles meinem Glauben an Gott und meinen Versprechen ihm gegenüber entgegensteht, aber das macht mich nur stärker und jeden Tag unabhängiger.

Ich erlaubte meinem Vater nicht mehr, mich zu missbrauchen, und auch sonst keinem. An einem Tag reichte es mir schließlich so sehr, dass ich im Vertrauen auf Gottes Kraft den Mut hatte, den Sozialdienst anzurufen. Ich leistete meinem Vater gegenüber Widerstand und er musste am Ende nachgeben.

Jetzt habe ich auch kein so niedriges Selbstwertgefühl mehr wie früher. Stattdessen habe ich Selbstvertrauen und weiß, dass ich etwas Besonderes bin und dass es Menschen gibt, die mich lieb haben. Ich habe alles, was ich brauche oder mir jemals wünschen könnte, und ich gehe vorwärts.

Kimberley Marie, 17

... Wenn ihr dazu nicht bereit seid,
dann entscheidet euch heute,
wem sonst ihr dienen wollt ... Ich und
meine ganze Hausgemeinschaft sind entschlossen,
dem Herrn zu dienen.

Josua 24,15

Wir klebten zusammen wie siamesische Zwillinge, so lässt sich meine Freundschaft mit Melissa beschreiben. Sie war seit dem Sandkastenalter meine beste Freundin. Ich wusste alles von ihr und wir erzählten uns alles. Wir kümmerten uns umeinander und für mich war es nie ein Problem, dass sie keine Beziehung zu Gott hatte. Doch je mehr ich mit Jesus lebte, desto klarer wurde mir, dass ich auch meinen Glauben mit Melissa teilen wollte. Jeden Sommer fuhr ich auf ein christliches Zeltlager und in der Überzeugung, dies sei für Melissa die perfekte Gelegenheit, Gott kennenzulernen, lud ich sie auf das Zeltlager ein.

Zu meiner Überraschung sagte sie zu und mein Herz war voller Freude. Ich fing an, jeden Abend für meine Freundin zu beten, ich bat um lebensverändernde Erlebnisse.

Mitte Juli fuhren Melissa und ich zum Zeltlager, wo wir eine intensive Woche mit Gott erleben sollten. Ich hatte große Hoffnungen, sie in ein neues Leben zu führen. Doch Melissa war in dieser Woche sehr still und zurückgezogen. Sie nahm Christus nicht in ihr Leben auf; trotzdem hoffte ich, dass Gottes Same tief in ihr Herz gefallen war. Als wir vom Zeltlager zurückkehrten, zog sie sich von mir zurück und ergriff nie die Initiative, mich anzurufen oder mit mir Kontakt aufzunehmen.

Eines Abends rief ich sie an und lud sie zu einem christlichen Konzert ein. Sie lehnte ab, und nachdem wir aufgelegt hatten, begann ich zu schluchzen. Jetzt war mir ganz klar, dass Melissa Gott auf dem Zeltlager abgelehnt hatte und nun gar nichts mehr mit ihm zu tun haben wollte. Ich bekam das Gefühl, dass all meine Gebete für sie um eine Beziehung zu Jesus reine Zeitverschwendung gewesen waren. Innerlich fragte ich: *Gott, warum tust du mir das an?*

Mehrere Wochen lang kommunizierten Melissa und ich überhaupt nicht miteinander. Manchmal schrieb ich ihr eine E-Mail oder SMS, aber im Grunde blieb unsere Leitung tot. Melissa beachtete mich nicht mehr, weil sie mit Christen nichts zu tun haben wollte. So einfach war das.

Ich erkannte den Zusammenhang und war schockiert: Diese eine Sache, von der ich gehofft hatte, dass sie ihr Leben grundlegend verändern würde, diese Sache hatte uns auseinandergebracht. Weil ich sie zu einem christlichen Zeltlager mitgenommen hatte, war unsere Freundschaft zerbrochen.

Einige Tage später wurde mir im Gespräch mit einem gemeinsamen Freund die Wahrheit bewusst. Es wurde deutlich, dass Melissa meinen Glauben, meine Beziehung zu Gott und meine Liebe zu ihm nicht ertragen konnte. Das Zeltlager hatte ihr eindeutig die Augen geöffnet. Sie fühlte sich in meiner Nähe nicht mehr wohl.

Jetzt war ich überzeugt, dass es ein Fehler gewesen war, Melissa mit zum Zeltlager zu nehmen. Ich machte mir Sorgen und grübelte endlos, wie sie ihrer einzigen, langjährigen, allerbesten Freundin so den Rücken zudrehen konnte. Wieso warf sie wegen meines Glaubens so viele Erinnerungen einfach weg? Ich zermarterte mir den Kopf. Ich spielte sogar mit dem Gedanken, ihr zu sagen, dass ich Gott beiseitelegen würde, um ihre Freundin zu bleiben.

Ich war völlig durcheinander. Es war, als hätte mir jemand einen Pfeil ins Herz geschossen. Ich konnte nicht fassen, dass mich meine beste Freundin verlassen hatte. Ich weinte mir fast die Augen aus. Sobald jemand auch nur ihren Namen erwähnte, kamen mir die Tränen.

Nach vielen durchweinten Nächten, in denen ich betete und Gottes Wort las, erkannte ich allmählich, dass ich meine engste Freundschaft gar nicht verloren hatte, weil Gott mein allerbester Freund ist. Ihm bedeute ich sehr viel – auch wenn ich Melissa nichts mehr bedeute, bin ich in Gottes Augen kostbar. Ich weiß, dass es für den Verlust ihrer Freundschaft einen Grund geben muss. Da muss ich Gott ganz vertrauen.

Ich bin immer noch traurig über den Verlust einer Freundschaft, die sich über so viele Jahre entwickelte, aber ich bin durch diese Erfahrung stärker geworden. Und obwohl ich nie gedacht hätte, dass Gott diese Wunde heilen kann, schenkte er mir inneren Frieden.

Ich hörte auf, mir wegen der Einladung zum Zeltlager Vorwürfe zu machen, denn schließlich hatte ich nicht damit gerechnet, dass Melissa Gott und sogar mich ablehnen könnte. Und letztlich hat sie dadurch das Evangelium gehört. Viele andere Menschen bekommen nie die Gelegenheit, Gottes Botschaft zu hören.

Jemand hat einmal gesagt: »Ob du mit deinem Leben zufrieden bist, sollte nicht von den Reaktionen und Meinungen anderer abhängen, sondern von deiner eigenen

Meinung.« Melissa fand es nicht gut, dass ich für Gott lebe. Aber ich finde es super, für Gott zu leben und ihm alles zu geben, weil ich weiß, dass ich mich auf seine Treue und seine Liebe verlassen kann.

Ich bin dort, wo ich hingehöre, und mir geht es gut dabei.

Yasmine Shaharazad, 15

NAHRUNG FÜR DIE SEELE

Ich habe euch ein Beispiel gegeben,
damit auch ihr so handelt,
wie ich an euch gehandelt habe.

Johannes 13,15

»Danke schön, Fräulein«, sagte er und nahm das Schinkenbrot, das ich ihm hinhielt.

»Bitte schön.« Ich sah in seine rotgeränderten, geschwollenen Augen. Selbst auf eine Armlänge konnte ich seinen Körpergeruch riechen – das Ergebnis wochenlanger, vielleicht monatelanger Abwesenheit von Wasser und Seife.

»Gott segne dich«, sagte ich.

Die Worte verflogen in der warmen Sommerluft, während der Mann in der Menge derer verschwand, die schon ein Brot bekommen hatten und sich nun für ein zweites anstellten.

Ein anderer Mann kam an die Reihe, sauberer als der erste. Ich gab ihm ein Brot und der warme kalifornische Wind wehte den Staub des schmutzigen Parkplatzes auf meine neuen Halbschuhe. Ich runzelte die Stirn und betrachtete mit finsterem Blick meine schäbige Umgebung – die Ecke *Fifth Street/Wall Street,* die Pennergegend von *Los Angeles* –, hier lebten die Außenseiter der Gesellschaft. Diese Leute schliefen in Kühlschrankkartons und hatten zu ihrer Verteidigung solche Messer, wie es der Mann in seinem Gürtel trug, der jetzt auf mich zuschlurfte.

Beim Anblick der Waffe blieb mir die Luft weg und eine Frage, die mir schon die ganze Zeit durch den Kopf ge-

geistert war, wurde plötzlich präsent. *Was macht so ein nettes jüdisches Mädchen wie du an einem solchen Ort?*

Ich bin in einer jüdischen Familie aufgewachsen. Meine Mutter zündete jeden Freitagabend die Kerzen an, um den Sabbat einzuläuten. Am Passahfest halfen meine beiden Schwestern und ich ihr beim Wegräumen aller Lebensmittel mit Hefe und beim Vorbereiten der Schränke für das ungesäuerte Passahessen. An Chanukka kreiselten wir den Dreidel und aßen Latkes – das sind knusprige Kartoffelpfannkuchen mit ganz viel süßer Apfelsoße. Meine Mutter brachte uns die Bedeutung der Nächstenliebe bei, denn das ist ein Grundsatz des Judentums, und wir spendeten immer einen Teil unseres Taschengeldes den Armen.

Unser Jüdischsein bedeutete jedoch nicht, dass wir abgeschirmt wie unter einer Käseglocke lebten. Wir kannten christliche Filme wie *Das Gewand* und *Ben Hur* und sahen im Fernsehen auch Kindersendungen mit christlichen Botschaften.

Meine beste Freundin Rita war nicht Jüdin, sondern eine echte irische Katholikin. Wir machten alles zusammen; ich begleitete sie sonntags sogar zur Kirche. Wenn Rita zum Beichten in den kleinen schwarzen Schrank stieg, wartete ich in einer Kirchenbank auf sie und betrachtete das Gesicht von Jesus.

Etwas an Jesu Gesicht gefiel mir. Aber ich hatte gelernt, dass er der Gott der Christen ist. Obwohl er ein Jude gewesen war, glauben die Juden nicht an ihn.

Ungefähr im Alter von 14 Jahren wurde ich in Bezug auf Glaubensfragen innerlich unruhig. Das Judentum hatte für mich mehr soziale als geistliche Inhalte und ich spürte keine persönliche Verbindung zu Gott. In mir wuchs die Sehnsucht nach einer solchen Verbindung.

Darum suchte ich in vielen Formen der New-Age-Bewegung nach Gott, betrieb Meditation, Yoga, beschäftigte mich mit der Reinkarnation, doch nichts davon füllte die Leere in meinem Inneren.

Es war Anfang der 80er Jahre, als meine Suche zeitweilig dadurch abgelenkt wurde, dass die Not der Obdachlosen in die Schlagzeilen geriet. Jedes Mal, wenn ich eine Sendung über die schreckliche Lage dieser Stadtstreicher sah, kamen mir die Tränen.

Nachdem ich monatelang über sie geweint hatte, fragte ich mich eines Tages: *Beverly, was tust du selbst, um diese Not zu lindern?*

Mein Drang zu helfen war so stark, dass ich einen Pastor ansprach, den ich kannte und der mit Obdachlosen arbeitete. Er vermittelte mich an eine Hilfsorganisation, die belegte Brote schmierte und sie an Obdachlose verteilte. *Das könnte ich machen*, dachte ich.

Doch genauso schnell kam mir ein anderer Gedanke. *Das sind doch hoffentlich nicht alles wiedergeborene Christen!* Ich hatte einen schlechten Eindruck von Christen – vor allem von denen, die sich als »wiedergeboren« bezeichnen. Ich wollte nicht von irgendwelchen abgedrehten Jesus Freaks zugelabert werden und die Bibel ins Gesicht gedrückt bekommen. Ich bin Jüdin. Ich wollte mein koscheres Vollkornbrot mit Rinderschinken nicht gegen ein christliches Weißbrot mit Schweineschinken eintauschen. Sich über andere Religionen zu informieren, bedeutete noch lange nicht, sich zu bekehren und dem Judentum, dem eigenen Volk den Rücken zuzuwenden.

Trotzdem betrat ich am darauffolgenden Samstag das Haus eines Christen in einem Außenbezirk von Los Angeles. Er führte mich in ein Zimmer, wo unzählige Brotlaibe auf lange Tische gehäuft waren, und zeigte mir, wie ich die belegten Brote machen sollte.

Nach und nach trafen weitere Leute ein und arbeiteten mit. Ich hatte kleine alte Omas wie in der Kirche erwartet und reiche Männer in Anzug und Krawatte, aber die meisten waren Jugendliche um die zwanzig. *Es ist Samstagabend*, dachte ich. *Warum sind diese Leute nicht in der Stadt und machen Party?*

Doch obwohl wir arbeiteten, war es wie eine Party – alle lachten, waren fröhlich und alberten herum.

Sie waren ganz normale Jugendliche und doch war bei ihnen etwas anders. Ich hatte den Eindruck, dass sie einander wirklich am Herzen lagen – und dass sogar ich als Fremde ihnen wichtig war.

Woche für Woche schmierte ich Brote, traute mich jedoch nie, mit auf die Straße zu gehen und sie an die Obdachlosen zu verteilen. Keiner versuchte mich zu bekehren. Doch jede Woche, wenn wir uns trafen, um Brot mit Schinken zu belegen, stellte ich Fragen.

Sie schlugen mir vor, das Alte und das Neue Testament zu lesen – vor allem Bücher wie Jesaja und die Psalmen, in denen das Kommen des Messias der Juden angekündigt wird.

Alles, was ich las, schien auf Jesus hinzuweisen. Doch obgleich Jesus behauptete Gott zu sein, ist er in den Augen der Juden nur ein großer Lehrer. Das war für mich plausibler. Denn wie sollte Gott ein Mensch sein?

Es überzeugte mich nicht, bis die Jugendlichen mich eines Tages überredeten, mit in den Transporter zu steigen und raus auf die Straße zu fahren, wo sie die Brote verteilten, die wir am Vorabend geschmiert hatten.

Die Pennergegend war schlimmer, als ich mir vorgestellt hatte. Auf einem leeren Parkplatz im schmutzigsten Teil der Stadt sah ich 150 Menschen, hauptsächlich Männer mit zerlumpten Kleidern und verdreckten Haaren, die Schlange standen und auf etwas zu Essen warteten.

Ein Mann mit verfaulten Zähnen kam auf mich zu und fing an zu reden. Mein Magen verkrampfte sich, als ich den Gestank aus seinem Mund roch. Doch noch bevor ich mich in den Transporter flüchten konnte, drückte unser Gruppenleiter Robert mir eine große Papiertüte in die Hand, die mit belegten Broten übervoll war.

»Kannst du die bitte austeilen, Beverly?«, fragte er mich. Als er meinen entsetzten Gesichtsausdruck sah, fügte er hinzu: »… und sag ihnen, dass Gott sie lieb hat!«

»O.K.«, mehr brachte ich nicht heraus.

Als alle Brote verteilt waren, gingen die Mitarbeiter immer zu zweit oder zu dritt auf die obdachlosen Männer und Frauen zu, die noch herumstanden und aßen. Ich entfernte mich ein Stückchen und schaute zu.

»Möchtest du heute für etwas beten?«, hörte ich eine Mitarbeiterin, Shelly, zu einer verwahrlosten Mutter sagen, die ihren dünnen kleinen Jungen fest an sich drückte. Die Frau nickte.

Shelly nahm die rauen Hände der Frau in ihre eigenen. In diesem Augenblick brach die Frau in Tränen aus. Shelly trat noch näher zu ihr und legte ihre Arme liebevoll um die Frau. Dann schloss sie die Augen und die beiden beteten gemeinsam.

Eine Stunde lang sah ich vielen solchen Szenen zu – schmutzige, stinkende Männer und Frauen, manche übersät mit Läusen, wurden getröstet. Große, starke Männer, die zum Teil Waffen am Gürtel trugen, weinten an der Schulter dieser liebevollen Christen.

Plötzlich schoss mir der Film *Ben Hur* und eine darin dargestellte biblische Szene durch den Kopf. Mir fiel ein, wie Jesus die Leprakranken berührte und heilte, obwohl sie »Unrein! Unrein!« schrien – die Ausgestoßenen der damaligen Gesellschaft.

Hier auf der heißen Straße in Los Angeles behandelten meine neuen Freunde wie Jesus die heutigen Leprakranken. Und plötzlich wusste ich, wer Gott ist. Er stand in Fleisch und Blut vor mir und verwirklichte seinen Plan durch die Menschen, die ihn als Herrn verehrten. Ihre Hände waren seine Hände. Ihre Arme waren seine Arme.

Wieder streifte ein warmer Windstoß mein Gesicht. Ich betrachtete meine staubigen Schuhe. *Was macht so ein nettes jüdisches Mädchen wie du an einem solchen Ort?*, fragte ich mich noch einmal. Jetzt wusste ich die Antwort.

Ich konnte ihn nicht mehr ablehnen. Mein Herz streckte sich nach ihm aus und Wärme durchströmte mich wie bei einer Umarmung. Ich, die Jüdin, wurde im Geist von einem anderen Juden in den Arm genommen.

Ich ging auf einen Mann zu, der mit dem Rücken zu mir allein dastand. Einen Moment lang zögerte ich, doch dann tippte ich ihm auf die abgetragene gelbe Weste, die sein durchgewetztes Hemd bedeckte. Er drehte sich um, und als ich ihm ins Gesicht blickte, sah ich den Schmerz in seinen Augen.

»Wollen wir zusammen beten?«, fragte ich und legte ihm die Hand auf die Schulter. Auf seiner wettergegerbten Haut spiegelte sich die Sonne. Er hatte ein gutes Gesicht, ein schönes Gesicht.

Es war das Gesicht Gottes.

Beverly Spooner

Wahre Geschichten für Teens

„Ich wünsche mir, dass jeder erkennen kann, wie groß Gott ist – und dass er jedes noch so kaputte Leben umkrempeln kann."

Caroline Biggerstaff

God is Dad. Gott ist dein Vater. Er geht mit dir durch dick und dünn. Egal, wie dein Leben gerade aussieht. Die 24 wahren Geschichten in diesem Buch erzählen davon, wie junge Leute ihren Glauben leben und erleben. Einige von ihnen haben erfahren, wie Gott sie durch schwierige Zeiten trägt, sie tröstet und ermutigt. Andere, dass er ihnen eine neue Chance gibt. Die wahren Geschichten machen deutlich, dass sich Vertrauen auf Gottes Macht und Treue wirklich lohnt.

 Kelly Carr (Hg.) • God is Dad
Taschenbuch • 160 Seiten • ISBN 978-3-86591-989-2

Storys aus dem wahren Leben

„Das, was ich über Gott und über mich lernte, trägt mich immer noch. Ich kann Gott vertrauen, ich will Gott vertrauen. Die Situationen mögen sich verändern. Aber der Gott, an den ich glaube, hat sich nicht geändert."

Detlef Eigenbrodt, Autor

Was fällt dir zu Happy Hour ein? Freunde treffen und einen alkoholfreien Cocktail trinken? Auch Jesus war ein Fan der Happy Hour. Aber bei ihm gibt es mehr als das, was wir erwarten. Eine Begegnung mit ihm verändert alles. Das haben auch die Autoren erlebt, die einen Beitrag für dieses Buch beigesteuert haben. Jeder von ihnen weiß: Ja, der Glaube macht einen Unterschied. Er bewegt. Er gibt Kraft. Er trägt.

Verena Keil (Hg.) • Happy Hour mit Jesus
Taschenbuch • 192 Seiten • ISBN 978-3-86591-471-2